新时代民办高校发展与品牌
建设实践创新

万慧兰　著

吉林人民出版社

图书在版编目（CIP）数据

新时代民办高校发展与品牌建设实践创新 ／ 万慧兰
著. -- 长春：吉林人民出版社，2022.8
ISBN 978-7-206-19406-1

Ⅰ．①新… Ⅱ．①万… Ⅲ．①民办高校－高校管理－
研究－中国 Ⅳ．①G648.7

中国版本图书馆 CIP 数据核字(2022)第 171963 号

新时代民办高校发展与品牌建设实践创新
XINSHIDAI MINBAN GAOXIAO FAZHAN YU PINPAI JIANSHE SHIJIAN CHUANGXIN

著　　者：万慧兰
责任编辑：孙　一　　　　　　　封面设计：牧野春晖
出版发行：吉林人民出版社(长春市人民大街 7548 号　邮政编码：130022)
印　　刷：北京市兴怀印刷厂
开　　本：710mm × 1000mm　　　　　1/16
印　　张：10.75　　　　　　　　字　　数：200 千字
标准书号：ISBN 978-7-206-19406-1
版　　次：2023 年 3 月第 1 版　　　印　　次：2023 年 3 月第 1 次印刷
定　　价：79.00 元

如发现印装质量问题，影响阅读，请与出版社联系调换。

前　　言

　　民办高校是我国高等教育事业的重要组成部分，为现代化建设培养了大批人才，一批优秀的民办高校以其鲜明的办学特色得到了社会的广泛关注和认可。随着我国教育大众化和人民日益增长的高等教育需求，民办高校也在不断发展并逐步壮大。在竞争激烈的高等教育市场，品牌建设已成为民办高校长远发展的必然选择。加强民办高校品牌建设对于民办高校实现内涵式可持续发展具有重要意义。对民办高校发展与品牌建设实践的研究，对民办高校的发展具有深远意义。

　　鉴于此，笔者撰写了《新时代民办高校发展与品牌建设实践创新》一书，在内容编排上力争细致、严谨、完善，从分析民办高校目前现状入手，结合品牌构建理论，对中外民办高校品牌建设做比较分析，引出民办高校品牌建设的重要性。通过对基于核心竞争力的民办高校品牌建设的几大关键要素（即学科专业建设、人才培养、师资队伍、教育管理等），从可持续发展的角度进行具体的分析，在理性思考的基础上，提出民办高校的现代化品牌建设路径。本书层次鲜明、结构清晰，注重理论性、科学性、实用性。

　　由于笔者水平有限，加之时间仓促，书中疏漏和不足之处在所难免，敬请广大读者提出宝贵意见，以便笔者进一步修改，使之更加完善。

目　　录

第一章 绪 论

第一节 民办高校的发展现状与优劣势分析

20世纪80年代以来，我国的民办高等教育经过了40多年的发展历程，取得了较为辉煌的成绩。《国家中长期教育改革和发展规划纲要（2010—2020年）》明确指出："民办教育是教育事业发展的重要增长点和促进教育改革的重要力量。各级政府要把发展民办教育作为重要工作职责，鼓励出资、捐资办学，促进社会力量以独立举办、共同举办等多种形式兴办教育。完善独立学院管理和运行机制。支持民办高校创新体制机制和育人模式，提高质量，办出特色，办好一批高水平民办高校。"这充分表明对民办高校的发展问题进行研究，现实意义是十分重大的。

随着教育大众化的深入，我国高等教育的毛入学率逐年提高。高等教育毛入学率是指高等教育的入学人数与适龄人口之比，适龄人口是指在18岁至22岁这一年龄段的人口数。2019年，全国高等教育毛入学率51.6%；2020年，全国高等教育毛入学率54.4%；2021年，全国高等教育毛入学率57.8%，真正进入高等教育的普及化阶段。由于民办高校在我国高等教育中承担着越来越重要的作用，在我国高等教育进入普及化阶段之前，十分有必要对我国民办高校目前的发展情况进行深入研究，以更好地推动我国高等教育事业的发展，迎接我国教育普及化、大发展阶段的到来。

一、民办高校的发展现状

近年来，民办高校取得了高效的发展，无论从数量上，还是规模上，都取得了较快的增长。要研究民办高校发展，先要充分了解我国民办高校发展的现状，以及他们所面临的机遇与挑战，还存在哪些问题和困难；然后才能立足我国民办高校的现状和主要问题进行分析，提出可以促进和推动我国民办高校健康、快速发展的建议和对策。

（一）衡量民办高校发展的具体指标

一个国家高等教育，学校的数量、教师数量和状态、学生数量以及其在全国的分布情况最能客观反映其发展状况。我国民办高校发展的客观现状，同样需要用具体指标来反映。

1. 民办高校的数量

高等学校的数量可以最为真实地反映一个国家高等教育的发展。从近十几年我国民办高校的数量发展变化情况看：我国民办高校在 2003 年到 2015 年的数量增长超过了 4 倍，说明这个阶段是我国民办高校快速发展的黄金期。民办高等学校 757 所（含独立学院 257 所，成人高校 1 所），比上年增加 7 所。截至 2021 年，中华人民共和国教育部发布了全国高等学校名单，其中民办院校 734 所。

2. 教师的数量和状态

教师是高等学校最为重要的财富，对高校的发展起到至关重要的作用。通过对全国民办高校近年来的教师资源的数据进行分析得知，我国民办高校的教职工人数和专任教师人数均呈现不断增长的趋势；但教职工人数一直高于专任教师的人数，并且两者的增幅也十分有限。由此可见，民办高校的师资紧缺较为严重，特别是高层次教师。

3. 在校学生的数量

我国民办高校的发展现状如何，关键看有多少学生在民办高校就读，民办高校在校学生数量可以更全面准确地反映民办高校的发展状况。我国早期建立的民办高校层次较低，大多为专科及以下。随着民办高校的不断发展和升格，独立学院大规模兴起，本科生成为民办高校在校生的主流人群。

4. 在各省份的分布情况

通过教育部与各省级教育行政部门权威发布的全国民办高校名单，除西藏之外，全国每个省份都有民办高校存在。在各个省份中，以广东省为最多。此外，我国各省份高校总数的排名与其拥有民办高校数量的排名大体一致。高等教育发达的省份，高校总体数量多，其拥有的民办高校的数量也就越多。从这种趋势中可以得出，一个地区的民办高校数量与当地的经济发展水平、公办高等教育发展水平、历史文化等有着较大的关系。再从办学层次而言，从每个省本专科民办高校的数量而言，广东、安徽、福建、重庆、北京、上海、四川、河南、云南、内蒙古、海南的专科层次民办高校的数量多于本科层次民办高校的数量，除上述省份以外，其他省份本科层次的民办高校数量要多于专科层次的民办高校数量。

（二）民办高校发展中存在的问题

我国民办高校经过一轮快速发展以后，进入了发展的瓶颈期，发展遇到了困难，一部分民办高校甚至面临生存的挑战，这些问题不解决，民办高校就很难良性健康发展。民办高校遇到的问题和困难是方方面面的，甚至是五花八门的，有办学经费、教师队伍、教学质量等。因此，选取民办高校产权问题、法人治理结构、分类管理、专业建设、师资队伍建设等方面比较突出的问题进行具体分析。

1. 产权结构不明晰

从我国民办高校产生时起，产权问题一直是困扰民办高校的一个严重问题，是制约发展的一个难题，在民办高校 40 多年的发展过程中从未改变。产权，即为财产所有权。由于民办高校的多样性和产权主体的多样性，使得民办高校的产权一直难以明晰。由于民办高校产权涉及内容较多和产权主体较为复杂，经常出现产权问题难以解决。产权结构不明晰较大影响了民办高校举办者的积极性，束缚了民办高校的发展。

2. 法人治理结构不合理

法人治理结构是现代企业制度中的一个概念，民办高校的法人治理结构主要是指：民办高校作为独立的法人，在举办者、管理者和教职工、学生等权益相关人之间建立的有关学校运行和各种权力配置的一种组织结构或运行机制。目前，我国民办高校大多数实行董事会领导下的院长负责制。但在民办高校具体的运行过程中，董事会和院长常常出现权力与责任不清的问题。董事长的重大事项决策权与院长的学校教育教学管理权相互交织，难免出现双方在很多领域存在"越位"和"缺位"现象。

现实中，民办高校董事长代表的民办高校董事会掌握着学校的权利，缺乏有效的监督和制约。不少民办高校的董事会组成不规范，家族化管理倾向明显，不少民办高校董事长都是子承父业，代代相传，这些情况的出现，使得民办高校的管理层做出的决策很难科学化，经常成了董事长及其家族的"一言堂"。不完善的民办高校法人治理机构对民办高校发展运行决策产生了较多影响，难以做到科学务实。

3. 分类管理落实较难

2021 年教育部发布的全国高等学校名单里民办院校有 734 所，如此大数量的民办高校群体，一定有着不同的办学类型，不能把所有民办高校都视同完全相同的办学类型，对于民办高校分类管理呼声已久，对民办高校实施分类管理成了民办高校健康发展的必选项。民办高校分类管理已经在学界进行了广泛的研究和讨论，形成了相对统一的观点，即举办者是否要求合理回报作为划分营利性与非营利性民办高校的标准。实施划分营利性与非营利性民办高校分类管理能有效解决民办高校遇到的困难，但是由于民办高校利益主体的多样性和民办高校内部的差异性，使得民办高校的分类管理成为一项极端复杂的任务。民办高校分类管理工作的推进是十分迫切的，如不进行，会对民办高校产生较大的影响。第一，如果对现有的民办高校不进行分类管理，对营利性和非营利性的民办高校同等对待，会挫伤社会力量办学的积极性；第二，现有的分类办法和分类标准有待进一步修正和完善。因而，分类管理是我国民办高校科学、可持续发展的重要出路，必须要度重视我国民办高校分类管理的问题，并创造相应条件，尽快实施。

4. 教师队伍质量有待提高

教师队伍是高校良好发展的基础，是教育教学质量的重要保证。教师队伍建设是每所高校在发展过程中，都必须面对和解决的最为重要的问题之一。我国民办高校在教师队伍建设方面，面临着比公办学校更为严峻的形势。这主要是由于民办高校体制和自身发展条件等方面的限制。目前民办高校教师的主要来源有三个：第一，招聘新毕业的学生；第二，聘请公办高校退休教师；第三，聘请部分兼职教师。此外，民办高校也可以从公办高校和科研院所高薪聘请高层教师，但数量非常少。

民办高校的教师队伍存在流动性较大、师资队伍不稳定的问题，很多优秀教师被一些公办高校挖走。关于民办教师现状，从教师学历而言，教师的学历相对公办高校普遍偏低；从职称而言，除了公办高校退休的老教师外，其他教师的职称相对而言较低，虽然近年来职称有所提高，但能力和水平还有相当的差距；从年龄构成而言，民办高校的师资中年龄较小、经验缺乏的本硕毕业生和公办学校退休的老教师占比大，经验丰富的中年骨干教师占比较小。

5. 专业特色有待加强

我国民办高校在设置专业时，常常用企业思维，也就是民办高校在设置专业时首先考虑的是专业建设的成本，投入产出比是否最大化。一般更倾向设置一些教学仪器设备相对较少的经济管理类专业，对投入较大的工科专业比较谨慎。民办高校专业设置还存在跟风的现象，追捧所谓的社会"热门"专业，如财经类、信息与计算机类专业等，大多数民办高校都开设了类似的热门专业。专业设置缺乏特色的问题使我国民办高校可持续发展能力明显弱化，缺乏核心竞争力。由于民办高校对"热门"专业的追逐，使得多数民办高校的专业设置"同质化"趋势十分明显，这种同质化的趋势使得民办高校千篇一律，缺乏自身的发展特色，只能从学校的名称上来区分这些高校，仅仅靠专业来区分这些民办高校是非常困难的。专业缺乏特色，必然会导致部分民办高校缺乏竞争力。由于专业相似度高，大多数民办高校可以互相替代，难以产生差异化的竞争优势。

（三）民办高校发展面临的困难

1. 生源逐渐减少

人民日益增长的教育需求尤其是高等教育需求与国家提供的教育产品有限性的矛盾突出，为民办教育提供了绝佳的发展机遇。但在 2010 年前后，各省高考适龄人口达到历史峰值后迅速回落，出现了一对突出的矛盾：一方面考生绝对数量不断减少；另一方面高校录取率不断提高，公办高校和民办高校的招生压力都越来越大。以全国人口大省山东省为例：自 2008 年开始，山东省的高考报名人数整体呈下降趋势，2012 年达到历史最低，而录取率却一路走高。随着公办高校的扩招及录取率的大幅提升，民办高校投档率随之下降，即使加大调剂力度以及后续补录、注册入学，部分民办高校还是完不成招生计划，特别是民办高职院校成为生源短缺的重灾区。外部生源环境的急速变化，造成部分民办高校陷入统招计划招不满、自考助学又"无生可招"的窘境。

2. 办学经费较为紧张

民办高校经费来源渠道单一，主要依赖学费收入，是一种典型的"以学养学"办学模式。举办高等教育需要持续投资，以不断改善办学条件、适应经济社会发展的需求。近年来，民办高校学费收入增幅不大，但办学成本却逐年上升，造成办学经费较为紧张。

3. 办学质量提升较慢

民办高校办学质量未随学校外延式发展而提高，主要有以下四个原因：第一，办学的硬件设施不良，如有些高校校舍不足，缺乏必要的实验室和实训室；第二，师资队伍整体素质不高，民办本专科高校师资队伍结构的调查，民办高校师资队伍的职称、学历、年龄和性别结构不合理，高学历、高职称和男性教师少，年轻教师和退休教师多；第三，教学和科研水平落后。民办高校在特色专业建设、精品课程建设方面，都远远落后于同级公办高校；第四，人才培养质量规格不高、服务社会能力相对较弱。从毕业生情况而言，考取硕士研究生的比例较低，就业率和就业质量有待提高。

4. 社会声誉有待提高

在追求规模扩张的过程中，部分民办高校表现出一定的逐利倾向，损害了民办高校的整体形象。很多民办高校被贴上"高收费、低质量"的标签，社会声誉、社会影响亟待提高。特别是极少数民办高校虚假宣传、违规招生的行为，对民办高校的办学声誉有较大的影响。

（四）民办高校发展的理想定位

一般而言，许多民办高校在创办之初，基于生存的目的，开设了一些与社会生活密切相关的专业，培养了不少社会各行业急需的实用型人才，这就形成了民办教育就是职业教育的总体印象，但是，实际情况并非如此。我国民办高校的生源，主要以职业教育为主体，他们入学的动机是为了争取到和其他同龄人一样的接受高等教育的权利，从而实现自我价值，得到社会的认同和尊重。因此，民办高校被人为地限定在高等教育助教、助考的层次上。我国民办高校的办学者，其主体是公办高校的离退休教职员工和兼职教职员工，其教育思想、教育观念、教育方法等都带有浓重的公办高校的色彩，这就决定了他们往往自觉不自觉地把公办高校的模式，作为民办高校理想的发展目标。

由于上述因素，导致了目前的民办高校多数是以全日制教学为主，如全日制大专职业教育，职业教育与自学考试辅导教育，学历文凭教育相混合的全日制综合本专科教育，学历文凭教育与研究生辅导教育相混合的综合大学教育等。功能单一、层次局限、多重标准、水平参差的民办高等教育在目前的教育体制下，很难从数量型阶段转入质量效益型阶段。民办高等教育机构最有条件办成以全日制本科教育为主的综合高等教育，这是由其内在机制所决定的。民办高等教育是按照市场机制运作、以收取学费为前提条件的非义务教育，主要是为了满足特殊人群的特殊要求，它可以满足社会中公办学校所满足不了的特定阶层的教育需求。民办高校是在公办学校发展了数十年后才起步的。民办高校目前主要是满足一些职业教育、大专教育及短期教育。因此，在政策的制定上，没有任何理由封杀民办高校向本科教育的过渡，如果适当放宽民办高校办本科的政策限制，允许那些专科和高职水平较高、基本条件具备的民办高校办本科教育，将会在一定程度上解放这些民办高校的生产力，促使其向更高水平发展，为中国的教育事业做出更大贡献。

（五）民办高校的法人治理结构

1. 民办高校法人治理结构的意义

随着高等教育大众化时代的到来，中国民办教育面临着前所未有的机遇和挑战。法人治理结构不合理、师资队伍不稳定、抵御风险能力不足等因素制约了民办高校的可持续发展，在这一现实背景下如何让民办高校实现长远发展，进而建成高水平民办高校法人治理结构是首先要解决的问题。

法人治理结构的本质是权力制衡，其中包括所有权和决策权的制衡、决策权和经营权的制衡、管理权和监督权的制衡，即在各利益相关群体之间进行合理的权责分配。具体而言，民办高校法人治理结构是指民办高校在最初的创办者、董事会、校长、教职工以及学生家庭之间建立的有利于学校健康、可持续发展的一种权力配置机制。该机制有利于民办高校形成合理的责权利划分、制衡关系和配套机制。

"构建完善的法人治理结构是民办高校实现法人治理的重要保证和根本性前提之一，也是我国民办高校分类管理的重要内容"[①]。从理论上分析和国际比较的角度而言，营利性与非营利性民办高校的治理结构在本质上存在着很大差别。随着我国《民办教育促进法》的修改，民办高校分类管理制度在我国将成为现实，但是我国相关法律法规并没有从营利性和非营利性民办学校不同的角度对民办学校的法人治理结构做出规定，这对于实现我国民办高等教育的善治和可持续发展是非常不利的。

2. 民办高校法人治理结构的分析

法人治理结构作为一个专门概念，最早出现于 20 世纪 70 年代的美国，最初是指所有权与经营权分离的公众持股公司的经营管理机构所采取的存在方式。公司治理结构是一套制度安排，用以支配若干在企业有重大利害关系的团体—投资者（股东和贷款人）、经理人员、职工之间的关系，并从

[①] 李晓科.民办高校发展现状与对策研究[M]. 长春：吉林人民出版社，2018：45.

这种关系中实现经济利益。公司治理结构包括：①如何配置和行使控制权；②如何监督和评价董事会、经理人员和职工；③如何设计和实施激励机制。一般而言，良好的公司治理结构能够利用这些制度安排的互补性质，并选择一种结构来减低代理人成本。

从法学角度而言，公司治理结构是指为维护股东、公司债权人以及社会公共利益，保证公司正常有效地运营，由法律和公司章程规定的有关公司组织机构之间权力分配与制衡的制度体系。它以公司所有权与控制权相分离为前提，其实质是对公司组织机构之间的权力分配与制衡所做的一种制度安排，以期实现公司和股东的最大利益。虽然法人治理缘起于经营性的公司，因此也称公司治理，但这并不意味着法人治理就等同于公司治理。因为在英美法系中的"Corporation"兼有公司和法人的含义，因此，在英美语境中 Corporate Governance 并不排斥非营利法人的治理问题。英美法系中的法人治理结构，不仅包括营利法人治理结构，也包括非营利法人治理结构。营利性组织的法人治理结构问题也适用于非营利性组织，如今的治理概念更是得到了极大扩展，凡是组织界定、政策及决策过程的建构、分配权力机制之建立、执行任务程序的过程设定或行动均为治理的内涵。

非营利组织治理的概念最早萌芽于 20 世纪 60 年代，由于在许多非营利性组织发生了一系列的丑闻，使得人们认识到，非营利性组织同样需要内部结构的治理，才能够避免这些问题，实现非营利性组织的善治。正如美国著名学者 Yong 指出的："治理问题已成为非营利组织能否有效运作的首要课题。"但是非营利性组织的治理在很多方面不同于营利性组织的治理。首先，非营利性组织的表现不取决于市场的表现，人们很难通过对非营利性组织的市场表现对其进行评价；其次，非营利性组织存在着所有者缺位的现象，非营利性组织不存在严格意义上的所有者；非营利性组织缺乏营利性组织面临的竞争问题。由于以上因素的存在使得非营利性组织的法人治理结构问题在很多方面不同于营利性组织的法人治理问题，如前所述，非营利性组织要正常运行，也必须建立起有效的法人治理结构。

非营利组织治理结构是指在非营利组织所有权、控制权、经营权分离的条件下，董事会（或理事会）、执行机构、监事会的结构与功能，董事长与高层管理人员的权利和义务以及相应的聘选、激励与监督等方面的制度安排。在营利性组织的治理中，法人治理结构从一般意义上而言是一组规范公司各方责、权、利关系的制度安排，包括处理公司股东、董事、经理层和其他利益相关者的一整套关系。法人治理结构主要是指有关公司股东、董事、监事及经理层之间合理分工、相互制衡的组织架构和运行机制，法人治理结构还应将其他利益相关者（如员工、客户、社会公众等）纳入这种组织架构和运行机制之中。

由于非营利性组织与营利性组织之间存在着很大的不同，故非营利法人治理结构也明显区别于公司法人治理结构。在非营利性组织的治理中，管理学者普遍认为，由于在非营利性组织中不存在明确的所有者，在非营利性组织的法人治理结构中，非营利性法人应由董事会（或理事会）和执行官担负起治理的任务。非营利法人的董事会（或理事会）的职责主要在于九个方面：第一，决定组织的使命和目标；第二，甄选首席执行官并给予协助和支持；第三，定期评估首席执行官的业绩并予以反馈；第四，从事组织目标的规划；第五，完善健全组织的财务与资源管理；第六，决定并监督组织的项目与服务；第七，为组织筹措资金；第八，维护并提升组织的公众形象；第九，提高董事会自身的运作效率。董事本身是非营利法人的代表，就一切事务代表法人，而首席执行官则由董事会产生，对董事会负责。

综合营利性组织和非营利性组织的定义，结合民办高校的特点，民办高校法人治理结构是作为独立法人实体的民办高校，在民办高校的举办者（所有者）、管理者和教职工等利益相关主体之间建立的有关学校运营与权利配置的一种组织机制。

3. 民办高校法人治理结构发展现状

我国民办高校的治理模式经历了两个阶段。在1993年《民办高等学校设置暂行规定》实施以前，我国的民办高校一般都是靠着学费的盈余发展起来，没有校产，没有资金，从零开始。学校的创办者通常兼任民办院校校长并控制着学校的发展。实施之前，政府对民办高校举办者的资格和民办高校的设置条件还没有明确的量化规定和严格的行政审批程序，能够取得办学资格的基本上都是具有一定社会资本的老干部、老教授、老教育工作者，他们凭借所投入的人力资本获取学校的控制权。当时大部分民办高校在创立之初，没有通过契约的方式将学校的产权加以清晰的界定，而且学校的发展又主要依靠学校管理者的人力资本的投入，在这个时期，大多数民办高校不设董事会，即使设有董事会，大多也选择校董合一的治理结构，即学校的治理，主要靠创办者的个人能力，而不是靠组织和制度，大多数民办高校没有建立起清晰的治理结构。而经过数十年的发展，我国民办高校的发展模式发生了根本的变化，举办形式由20世纪80年代的人力资本投入为主的"三无起家，滚动发展"的模式，向以资金投入为主的"企业投入，产业运作"模式转变。在学校的治理模式中，一般采用传统的"股东控制"模式，即由股东组建和控制董事会，实行董事会领导下的校长负责制。有学者通过调查研究，将民办高校内部领导体制归纳为八种类型：①董事会领导下的校长负责制；②董事会指导下的校长负责制；③主办单位领导下的校长负责制；④党委领导下的校长负责制；⑤教职工代表大会基础上的校长负责制；⑥校长全面负责制；⑦校（院）长主持下的校务会议集体决策和分工负责制；⑧教育集团统筹下（通过各校董事会）的校长负责制。

4. 构建民办高校法人治理结构的问题

（1）兼顾学校法人特殊属性的原则。民办高校的个性特征主要表现在：第一，教育公益属性决定了学校法人的目标不同于营利性法人的目标，其根本目标是培养人，注重的是社会的公共利益，而不是追求股东或者组织经济利益的最大化。第二，学校法人的教育性决定了它与其他非营利性法人治理的特征并不一样。学校法人所从事的是教育活动，在治理上必须遵循教育的基本规律，突出教师的主体性，重视维护广大受教育者的切身利益。因此，在学校法人治理上更要强调共同治理，注重各方面的代表性，正确处理不同利益相关者之间的关系。

（2）保持教育公益性和市场性相统一的原则。民办高校在法人治理上，要处理好教育活动公益性与经营管理市场性之间的矛盾，做到两者的协调和平衡。一方面，民办高校在构建法人治理制度时，应当确立取之于社会、回报于社会的非营利理念，遵循高等教育的一般规律，坚持走公益性办学的道路；另一方面，在具体办学过程中，又要注重发挥自身在体制上的优势，增强市场意识和成本观念，在保证教育教学质量的前提下，尽量降低消耗、减少浪费、提高效率，实现教育资源的优化配置，力求用最经济的投入获得最佳的教育效果。

（3）保障高等学校学术自由的原则。如何保有"学术自由"这样一种相对超脱的特权，从而使得高校在相当程度上保持自己的独立性和批判性，必须做到四个方面：第一，切实尊重学术自由，在构建民办高校法人治理结构时要全面贯彻保障学术自由的思想；第二，重视处理好行政权力与学术权力的关系，注意两种权力的平衡和协调，杜绝行政权力侵占或挤压学术权力；第三，在保障学术自由方面，也要结合我国经济社会发展和政治文明的实际情况，慎重处理有关关系，切不可为学术而学术；第四，在设计民办高校法人治理制度时，还必须体现权责结合的思想，明确制约与责任的边界，使学术自由真正成为在法律许可范围内行使的权利，体现法制精神。

（4）强调权力分治及相互制衡的原则。随着现代治理理论的发展，无论是公司治理还是非营利法人治理，都越来越重视权力的分治，在治理结构的设计上，一般分决策系统、执行系统、监督系统，并由此形成各自独立、权责明确、相互制衡的关系。虽然非营利法人治理结构与公司治理结构不尽相同，但其权力机构、执行管理机关和监督机构，一般也都是分设的，且决策权、执行权与监督权彼此分立，并相互制衡。基于此，在构建民办高校内部法人治理结构时，也应凸显权力分治及相互制衡原则，建立健全自身的决策、执行和监督机制，以确保其健康运行和良性发展。

5. 完善民办高校法人治理结构的途径

（1）落实民办高校法人财产权。当前，我国民办高校已经从快速发展进入到内涵发展阶段，民办高校产权不明晰已经影响了其长远发展，成为制约民办高校发展过程中的一个重要因素。《民办教育促进法》明确规定："民办学校存续期间，所有资产由民办学校依法管理和使用，任何组织和个人不得侵占。"切实落实民办高校法人财产权，理顺各权力主体之间的产权关系，是民办高校完善法人治理结构的根本保证。要落实民办高校法人财产权，首先要建立法人财产制度，从法律上规范出资人、学校和国家等权力主体的权利义务关系，确立民办高校的主体地位，确保民办高校的办学自主权。其次，进行资产分类，明晰学校产权。《民办教育促进法》第35条规定："民办学校对举办者投入民办高校的资产、国有资产、受赠的财产以及办学积累，享有法人财产权。"按照《民办高等学校办学管理若干规定》中有关"民办高校对举办者投入学校的资产、国有资产、受赠的财产、办学积累享有法人财产权，并分别登记建账"的规定，民办高校存量部分资产的产权关系应该是清晰的。问题在于学校增量部分的资产产权界定及归属不明确。为此，可以借鉴企业产权理论，同时参照国外私立高校的做法，探索成立具有财团性质的民办高校法人基金会，作为学校受赠财产和办学积累的终极所有者，并与其他产权主体一样对学校主张权利。一旦成立了基金会，民办高校各类资产的产权主体也就相应地实现了人格化，形成了类似于混合所有制的产权结构。这不仅有利于维护和保全学校法人财产权，而且有利于实现产权主体多元化，规范民办高校法人治理结构。

（2）健全和完善董事会制度。第一，要健全董事会准入机制，废除内部选举方式，采用外部推荐或者选举方式，从根本上杜绝民办高校董事会家族化现象的产生。第二，在人员构成上，要确保董事会成员构成多元化。《民办高等教育促进法》规定："学校理事会或者董事会由举办者或其代表、校长、教职工代表等人员组成，其中三分之一以上的理事或者董事应当具备五年以上的教育教学经验。"因此，董事会人员构成应多元化，要使学校的重要利益相关者代表都能进入学校的决策机构，确保董事会决策的民主性。最后要规范董事会的决策运行程序，完善董事会议事章程，确保议事和决策程序的公开透明，加强决策调研，建立董事会定期学习制度，让董事掌握更多的资讯，增强其分析判断能力，从而提高董事会决策的科学水平。

（3）完善董事会领导下的校长负责制。校长受聘于董事会，并对董事会负责。实行校长负责制，不能偏离"董事会领导"这一根本原则，同时，董事会领导应是一种集体领导，并非董事长个人的领导，必须坚持民主集中制。《民办教育促进法》及其实施条例明确规定："校长负责学校的教育教学和行政管理工作。"因此，要完善董事会领导下的校长负责制，首先要对定位校长的角色和职权进行合理定位，理顺董事会和校长之间的关系。民办高校的校长一方面是董事会决议的执行者，另一方面又是学校的首席执行官，对高校的改革和发展具有至关重要的作用。因此，为了有效落实董事会领导下的校长负责制，必须科学定位校长的角色，全面落实校长对学校行政管理工作的管理权，保证其独立行使各项职权。

（4）建立民办高校校长职业化制度。推进民办高校校长职业化，第一，从观念上要实现转变，民办高校校长要实现从权力本位向能力本位的转变。第二，从制度层面上，建立民办高校校长目标责任制度和考核制度，要建立任期目标责任制，明确校长在任期内的目标、职责，使其切实履行责任，同时也要建立绩效考核制。根据民办高校管理工作的特点制定绩效考核指标体系，对校长任期进行绩效考核，并将考核结果作为其是否继续聘任的重要依据。

（5）建立监事会，形成利益共享机制。我国现行《民办教育促进法》及其实施条例等有关法律仅仅明文规定了民办学校决策机构和执行机构的设置，暂未具体规定监督机构的设置，这是一种制度法制的缺失，这就需要教育管理部门对法律进行补充，在民办高校内部设置独立的监督机构，监督机构成员应由未担任董事会或校长的举办方代表、上级教育行政部门指派的代表、师生代表、家长及会计师、审计师等社会人士代表组成，以确保其独立行使监督权力。

（6）构建多方利益相关者参与机制。建立师生民主参与管理制度。教师和学生是教学过程中最重要的两个主体，教师可以一针见血地指出学校教学设施和办学理念方面的不足，推动学校全方位、多角度快速发展。学生的意见反馈，对教师改进教学方法以及学校推进相关建设具有重要意义。学生家长代表可以将家长对学校的期望反馈给学校，促进学校与家庭在育人过程中的联合作用，为更好地培养人才奠定基础。

引入社会以及政府参与学校治理的新制度。政府相关教育主管行政机构设立督导监察员，不仅有利于民办高校加强思想工作建设，还能及时发现并纠正民办高校发展过程中的宏观方向偏移问题，使民办高校取得公益性与收益性之间的平衡。此外，引入社会团体、相关企业在学校治理中的参与机制，不仅有利于学校办学方向，还能帮助学校吸引更多社会团体为学校发展献计献策、提供资助和捐赠。可建立校委会和监事会作为内部监督机构，校委会主要对校内重大事项进行决策，由校长签署同意后交各部门执行；监事会可选择各利益相关者组成，但董事不得兼任监事，他们与董事会、校委会相对独立，主要是监督董事会办学经费的投入和校委会的决策情况。这样才能对民办高校进行有效监督，确保利益相关者都能参与到民办高校的决策和监督中来，从而构建多元协同的和谐治理格局。

二、我国民办高校发展的优劣势分析

（一）自身的优势与劣势

1. 自身优势

第一，运行机制机动灵活。相对于公办高校，民办高校在运行机制方面拥有更大的灵活性，因为我国民办高校大多都是自负盈亏，很少会受到国家财政拨款的控制。民办高校可以根据经济社会的需求去调整其专业设置和人才培养目标。因此，民办高校在国家大政方针的指引下，自身运行机制的机动灵活性是其不断发展的优势之一。

第二，生源导向性明显。生源问题是我国民办高校发展过程中必须高度重视的问题，民办高校很重要的收入就是学生缴纳的学费。招生问题是民办高校高度关注的问题，为了增加学校的吸引力，吸引更多的生源，民办高校在制定学校各项政策的时候，必须更多地去考虑学生的诉求，因此，民办高校的学生导向性十分明显。

第三，危机意识强烈。由于我国的民办高校自负盈亏，运行的经费必须通过市场去获取，如果经营不善，就会面临关闭的危险。因此，民办高校自身的忧患意识很强，居安思危，使得民办高校在发展过程中与时俱进，变革学校发展中不适应社会的环节，不断焕发新的活力。

2. 自身劣势

第一，公益属性模糊。《民办教育促进法》第三条规定：民办教育事业属于公益性事业，是社会主义教育事业的组成部分；第三十七条规定：民办学校收取的费用应当主要用于教育教学活动和改善办学条件。办学公益性价值判断主要体现在办学是否以营利为目的以及营收使用方向，但一些民办高校对营利的追求弱化了办学的公益属性，具体表现在：第一，相对较高的学费将低收入家庭的学生"拒之门外"；第二，以经济效益为导向设置专业，对热门专业想方设法扩大招生，但相应的师资队伍跟不上；第三，将办学结余用于教育教学和改善办学条件的较少，在实验室、实训场地建设等投资较大、回报率较低的硬件教学设施上投入不足，而对人才培养、高层次人才引进等方面不够重视，致使学校师资队伍建设相对滞后。

第二，部分民办高校专业设置缺乏特色。部分民办高校在设置专业时，一味追求所谓的"热门"专业和以现有的公办学校为模板，这种专业设置方式使得部分民办高校的专业设置"同质化"倾向严重，很难有自己的特色，没有特色就没有竞争力，这对民办高校后期的发展是较为不利的。

第三，内部权力运行不规范。由于举办者和管理者在民办高校组建过程中的不同贡献，使得民办高校在后期的运行过程中出现了董事会与校长权力的"越位"和"缺位"现象。此外，现有民办高校的内部管理层家族化的倾向较为明显，子女接班现象突出。上述现象使得民办高校内部的权力运行不合理，从而使得学校发展的决策难以科学化。

第四，教师队伍不稳定。教师队伍不稳定是民办高校的共性问题。第一，2002年出台的《民办教育促进法》规定，民办学校教师享有与公办教师的同等待遇，但实际上民办高校教师待遇无法得到有效落实，工资待遇、五险一金和职称评定等关乎教师切身利益的各项权利得不到保障；第二，民办高校教师队伍呈现"两头大、中间小"的哑铃结构，退休教师和毕业生居多，流动性较大；第三，民办高校教师的教学、科研和招生任务繁重，考核严苛，教师普遍缺乏安全感、稳定感和归属感。

第五，办学条件的束缚。相对于公办高校而言，我国民办高校没有国家财政的支持，在学校建筑用地、基础建设等方面完全不能同公办高校相提并论。由于各种办学资源和经费的限制，使得民办高校在自身硬件建设方面，还存在着较大的提升空间。

（二）外部优势与劣势

1. 外部优势

第一，高等教育普及化影响。民办高校 2021 年在校人数达 800 万人，渗透率达 24%。根据调研数据，从 2011 年至 2016 年中国民办高校的在校人数由 510 万人增长至 630 万人，年均复合增速为 4.3%。根据测算，预计从 2016 年到 2021 年，中国民办高等教育的市场渗透率将从 21.9%增长至 24.3%，到 2021 年民办高校的在校人数达到 800 万人，年均复合增长率为 4.9%。高等教育普及化阶段的即将到来为我国民办高等教育的发展提供了新的契机。

第二，国家法律政策的支持。自 20 世纪 80 年代后，国家先后出台了一系列的政策措施来保障我国民办教育事业的发展，如 1997 年颁发的《社会力量办学条例》，2002 年颁发的《民办教育促进法》，2004 年颁发的《民办教育促进法实施条例》等法律法规，2016 年通过《中华人民共和国民办教育促进法》修正案，为我国民办高校的发展提供了有力的政策法律保障。

第三，学科建设和国际合作大环境。2015 年底，国务院印发的《统筹推进世界一流大学和一流学科建设总体方案》中提出我国"双一流"建设的一系列目标和任务。推进国际交流合作是其中的五大改革任务之一，我国社会力量办学中的"中外合作办学"，为推进国际交流合作提供了很好的示范。"双一流"建设的大背景，为我国民办高校的发展提供了良好的外部机会。

2. 外部劣势

第一，国外高校的竞争。近年来，随着人们生活水平的提高，很多家长开始将孩子送去国外高校就读，去国外就读可以给孩子增加留洋背景，同时，在国外学习和生活的经历可以开阔学生的视野。出国留学的诸多好处，使得很多学生家长开始把孩子尽可能送去国外就读。这使得原本可以在民办高校就读的生源不断减少。

第二，国内公办高校的挤压。我国的民办高校不仅仅要面对国外高校的竞争，最主要的是还要面临国内公办高校的竞争，全国现有（2022 年）的 2800 多所高校中，有 70%以上都属于公办高校。从高校的招生现状而言，国内公办高校一般招收的是高考分数较高的学生，报考民办高校的大多是分数较低、上不了好的公办高校的学生。因此，国内发展较好的公办高校几乎垄断了优质生源。

第三，高教适龄人口的减少。我国高等教育适龄人口从 2008 年以来呈现不断缩减的趋势，高等教育适龄人口的不断减少，使得我国民办高校的生源面临着挑战。高等教育适龄人口的不断减少使得国内的许多公办高校的本科招生指标难以按计划完成，这种趋势的不断持续对我国的民办高校尤其是新建民办高校的发展会带来较为严重的影响。

第二节　民办高校的类型、特征与发展动因

自从我国放开社会力量办学以来，非政府组织和公民个人举办的各种形式的学校竞相出现，呈现百花齐放的局面。比如有私人个体办学、多人合伙办学、企事业单位办学、协会、研究会和基金会等团体办学、民办公助、国有民办、一校两制、股份制办学等。2021 年 5 月正式公布的《民办教育促进法（实施条例）》中明确规定"国家鼓励企业以独资、合资、合作等方式依法举办或者参与举办实施职业教育的民办学校"，在资产管理、并购、办学形式等多角度针对民办高校予以充分支持。

一、民办高校的类型

（一）民办高校分类概述

民办高校具体可分为非营利性和营利性两种民办高校。非营利性民办学校纯粹公益性办学，不以营利为目的，学校办学结余进行分配，只能用于学校的再发展；营利性民办高校是指按照企业运行模式建立，学院的办学结余，在提取一定比例的再发展基金后可以给予投资者、办学者和经营者适当回报的民办高校。非营利性和营利性民办高校，各有利弊。2017 年 9 月 1 日后，新修订的《民办教育促进法》正式实施，民办高校面临出路的选择。但是无论民办高校的举办者选择哪种类型，民办高校都属于公益性事业，是我国高等教育的重要补充，都是为国家培养人才。不同的选择带来的只是分类管理后，国家不同政策的支持。

对于民办高校而言，其主要的经费来源不是政府的拨款而是学费，因此提高招生规模和学费对于民办高校的盈利情况就十分重要。从目前主要

民办高校上市公司公布的招生计划来看，2021 年各上市企业对于招生规模都有不同程度的提升，大多保持 10%以上的增长幅度。民办高校的分类具体包含以下方面：

第一，按产权分类。以资产所有权归属作为标准，即产权属于政府的高校是公办高校，而产权属于某个体、企业、社会团体的则为民办高校。但是这种分类方法也有弊端，对于将来政府和社会共同资助的高校则难以准确地界定其产权归属。

第二，按经费的来源分类。根据这种界定方法，凡是由国有资金所办的高等学校都称为公办高校，非国家出资办学的高校则为民办高校。但是如果按照这种方式来界定的话，则限制了民办高校的筹资渠道，并且也与国际惯例不符，因为国外许多私立大学同时也接受政府提供的经费资助。近几年，我国也加大了对民办高校的经费支持，包括奖学金、助学金、专项建设经费等。

第三，按办学主体和经费来源分类。即办学主体为非政府的个人、企业或社团组织，办学经费主要由学校自筹的高等学校，通称为民办高校。由于引入社会力量参与办学的初衷在于可以多渠道筹集教育经费，提高竞争机制，从而来完善和补充现有的公办高校系统。学校产权归属也是制约或促进竞争的十分重要的因素。因此，应当以高校的产权归属、办学主体与主要办学经费来源三个指标来界定民办高等学校，即凡是用非财政性教育经费为主要办学经费来源、产权非各级政府所有、办学主体为非政府组织的高校就应当称之为民办高校。

（二）民办高校的具体类型

根据办学主体和办学经费来源划分，民办高校的类型主要包含以下方面：

1. 公民个人办学

公民个人办学的民办高校是由出资人个人投资，出资者可以是一人，也可以是多人。学校聘请校长办学，自聘教师，自主办学，自主管理。目前，我国大多数民办高校是以这种模式创办和发展起来的。

2. 民营企业办学

民营企业办学是由民营企业或企业家出资创办的民办高校

3. 社会团体办学

社会团体办学民办高校一部分是由社会团体、组织投入少量启动资金，利用其在社会的影响来吸引社会捐资举办的；同时也有的民办高校实际上就是由公民个人举办，挂靠在一个社会团体、组织之名下的。

4. 独立学院

作为 1998 年开始兴起的一种全新的民办高校组织形式，独立学院从一开始建立就站在一个极高的起点上，迅速蓬勃发展，它的组成和特点明显区别于传统的民办高校。独立学院，是指实施本科以上学历教育的普通高等学校与国家机构以外的社会组织或者个人合作，利用非国家财政性经费举办的实施本科学历教育的高等学校。独立学院是由社会力量出资提供办学所需的一切硬件设施，由公立高校提供办学所需师资、管理人员等软件的办学组织形式。

5. 捐资办学

捐资办学民办高校是完全依靠捐款建立的，这类民办高校的捐款多数来自港、澳、台地区同胞，海外侨胞以及国内外热心教育事业的慈善人士。他们捐资捐物举办民办高校来实现造福桑梓，报效祖国的目的。

6. 教育集团办学

教育集团办学是以教育集团为出资单位举办的民办高等学校。

二、民办高校的特征

（一）民办高校的具体特征

民办高等教育的办学类型多样，不同类型的高校之间有其共同的特点，也存在着一定的差异。通过研究发现，在这五种办学类型中，公民个人办学、社会团体办学和捐资办学可以划分成一类，称之为"个体办学型"；而民营企业和教育集团办学划分为另一类，称之为"企业办学型"。

1. 个体办学型民办高校的特征

（1）投入较少，起点较低。民办高校与公办高校相比具有起点低的特征，举办民办高等教育需要大量的先期投入，如购买校园土地、建造校舍、购置教学仪器设备、聘请教师等，但受个人、社会团体经济实力与条件的限制，这类民办高校的先期投入都比较少，基本上都是以少量投入作为教学场所的租金和聘请教师的工资，逐步发展起来的。

（2）以学养学，滚动发展。因为没有雄厚的办学经费做支持，民办高校的收入只能靠学生学费来维持。并在学校的运转过程中，厉行节约，精打细算，把办学结余部分再投入到学校建设中。经过长期的积累，持续的投入，逐年滚动发展起来。

（3）发展较慢，效益较差。由于这类民办高校多数是滚动发展起来的，发展速度一般较慢。绝大部分的办学结余都用于学院发展建设，经济效益也就难言丰厚。在2017年以前，我国法律明文规定，投资教育不能以营利为目的，更不允许有暴利。因而，靠学费收入结余后再投入办学的这类学校发展速度比较慢，教育投资效益较差。直至目前，仍有相当一部分民办高校办学条件较为简陋，校舍、教学用房和教师都非常紧张。

2. 企业办学型民办高校的特征

企业办学型民办高校因为有企业或集团的强大经济实力做后盾，企业先进管理经验的引入，表现出与个体办学型民办高校较大的区别。

（1）起点较高，投资较大。民营企业和教育集团办学明显不同于个体办学。个人办学、社会团体办学、党派办学等形式的办学，一般采取从低起点逐步提高的做法。而企业办学高校一般建设速度较快，投资力度较大，学校的资产都达数亿元之多。校园教育环境优越，教学设施先进，学校占地面积、建筑面积和各项设施设备，都能达到国家规定的办学标准，这就避免了许多民办高校办学初期因为经费不充足而出现的学校基础设施不齐全，教学质量难以保证的问题。

（2）经济与教育规律有机融合。企业家和教育家有不同的工作经历、专业技能与思维方式，教育教学活动不同于经济活动，它们有自身不同的运行规律。一般而言，搞教育的人不太懂经济，而搞经济的又不太懂教育，要办好教育产业，就需要将教育规律与经济规律有机融合。高校管理者与企业家投资者在一个平台上，教育家和企业家共同办学，给双方提供了一个都能施展才能的舞台，实现了两者的有机融合、协调发展。

（3）经营管理产业化，效益较好。民营企业和教育集团办学在充分尊重教育规律的同时，借鉴和遵循产业运作的一些观念和做法，讲究质量、信誉、成本和效益，为民办高校的教育、教学提供全方位的服务，以推动其更好、更快地发展。因为先期投资额度较大，创办者收回投资成本的压力较大，加上学校硬件条件比较好，有经济实力的家长也愿意把子女送到这类学校。因此，这类民办高校的在建校的初期，收费标准往往比较高。除了学费之外，部分民办高校还另外收取赞助费或建校费。

（4）品牌意识较强。成功的教育集团与成功的企业集团一样，都非常重视品牌建设，强调科学化管理、规范化运作，往往采取统一校名、统一标准、统一管理的模式，在成功办学的基础上，输出集团的管理模式，以托管的方式对其他民办高校进行管理，以扩大其影响。

（二）民办高校不同阶段的特征

在民办高校发展的过程中，不同时期表现出不同的形式与特征，这里我们分别进行分析。

1. 独立性与依附性

民办高校体现出独立性和依附性并存的特征，特别是在国家试点开展学历文凭考试考点期间，表现尤为明显。1993 年，是中国高等教育发展历程中一个重要的分水岭，这一年国家颁布了《中国教育改革和发展纲要》，民办高等教育进入一个全新的发展阶段。民办高校的一部分组织形式发生了显著的改变，多数自学考试的助学机构逐渐成为学历文凭的考试试点学院，民办高校终于有了自己特有的颁发学历文凭的资格。虽然这种资格还是不完全的，不过是一种半独立、半依附的资格，但极大地促进了民办高等教育的发展。近年来，民办高等教育有了突飞猛进的发展，少数专修院校从租赁教室、兼职教师的运行模式，逐渐发展成为有了自己独立校舍和专职教师的高职院校。

2. 多样性与统一性

由于各类民办高校建校时举办者、举办方式和投资模式的不同，以及各个学校的办学经历不同，我国民办高校具有天然的多样性特征，这里就不更多地论述了。21 世纪初，民办高等教育组织的主要形式是民办高职院校和独立学院，其他的组织形式已经没有生存空间，这些民办高校不论建校初期是何种状态，随着其向民办高职学院或独立学院的转型，规范性、合法性的要求促使这些民办高校的组织模式发生了变化。从 20 世纪 50 年代开始，中国的私立高等教育就已经完全消失。公办高校的运行标准和模式就是中国高等教育的标准和模式，中国高等教育的标准模式是由公办高等学校树立的，这种标准的树立对民办高校起到了重大示范引领作用，促使或者规范民办高校向着公办高校的标准去发展。民办高校为了增加自己的合法性，也在有意模仿公办高校的组织形式和行为模式。不论是民办高职院校还是独立学院，其都在向公办高校的标准靠拢，高等教育的统一性被不断强化。

三、民办高校的发展动因

让社会资源进入教育领域，是一个国家弥补教育资源不足、实现教育供求平衡、增加教育多样性和选择性、促进教育竞争的理性诉求。中国是一个人口大国，高等教育需求量大，但教育资源严重不足，因而，大力发展民办高等教育，吸收民间资金办学弥补教育经费之不足，扩大高等教育整体规模以满足人民群众对不同层次高等教育的需求，是一种重要的战略举措。新中国成立以来，民办高校经历了一个从有到无，又从无到有，直到一派繁荣的过程，其兴起和不断发展壮大也反映了民办高校存在的合理性与必要性。

（一）民办高校是高等教育体制改革的必然选择

中国民办高校的兴起是中国教育体制改革的一个必然结果，是中国教育制度创新的一个重要内容。为调整和优化教育结构，中共中央、教育部颁布了《关于教育体制改革的决定》等一系列相关的政策、法规，从政策上保证教育体制从单一的国家办学向政府办学为主体、社会各界共同参与、公办高校和民办高校共同发展的办学体制转变。从一元走向多元，这是高等教育体制改革的必然选择和现实要求。

（二）民间悠久的办学传统

我国自古以来就有办私学的良好民风和社会基础。从历史上而言，私学从力主"学在四夷"的孔子起，就没有断绝过，这与时兴时废的官学有所不同。从春秋战国时邓析、少正卯、孔子兴办私学到汉朝私学中兴，其间虽然秦采取过"以法代教""焚书坑儒"等禁私学的政策，但仍有一些人在家著书立说、教授弟子。

自19世纪中叶起，中国社会的门户逐渐开放，私立学校在中国也逐渐兴起与发展。从清末开始，随着兴办学堂事业的发展，中国出现了一批有代表性的新式私立学校。近代私立学校在中国教育近代化的历程中发挥了较为积极的作用，特别是在保存和弘扬传统教育的优秀遗产方面，学习吸收优秀教育的先进思想、内容、方法，开展教育实验等方面，都大多先于或优于官办学校。据统计，到1947年，全国有专科以上学校207所，其中私立学校79所，占总数的38.16%，有些地方的私立高校比公立高校还多。

纵观我国民办教育的发展史可以得知，在官学时兴时废、有名无实的时期或政府无暇顾及文教事业时，私学的发展便会超过官学，甚至文教事业全赖私学维持和延续。古代私学与官学相比，不仅扩大了教育对象的范围，更加接近社会中下阶层，而且在普及文化知识、铸造民族心理、延续民族优良传统方面做出了突出的贡献，这一跨越两千多年的民间教育史说明，中华民族有着爱教、重教、兴教和从教的悠久历史传统，我国民间蕴藏着极为丰富的、可供借鉴的教育资源，这些可贵的传统为今天民办教育的复兴提供了宝贵的经验，为民办教育的发展提供了重要的文化遗产。

（三）居民教育支付能力的提高

国民生产总值与居民储蓄额是衡量居民教育支付能力的两项重要指标。改革开放以来，我国经济实现了持续、快速增长，国民生产总值逐年递增，居民储蓄额也不断增长。在居民储蓄额持续增长的同时，居民的高等教育支付能力也在增强。一部分先富起来的人们的消费观念已发生转变，为使子女接受更好的高等教育，他们能够而且愿意承担民办高校更高一些的费用。因此，无论从社会经济发展而言，还是从人民群众的愿望而言，都需要适度超前发展高等教育，而这个发展仅仅靠公办高校是满足不了的。而且，我国经济的发展使商品短缺状况基本结束，出现了买方市场，而高等教育还属于卖方市场，供不应求，这些都为民办高等教育的快速发展创造了历史性条件和机遇。

（四）经济体制改革的不断深化

近年来，经济主体呈现多元化趋势，资源的配置方式发生了变化，由原来的计划配置逐渐转变为在政府宏观调控下由市场发挥基础性调节作用。2004年3月14日通过的《宪法修正案》明确规定："国家保护个体经济、私营经济等非公有制经济的合理权益。国家鼓励、支持和引导非公有制经济发展""公民的合法的私有财产不可侵犯"，这说明，我国已经成型的多元化经济格局是不可逆转的大趋势。经济体制改革在教育领域的重要表现就是办学主体的多元化，不同经济主体都可以利用自己的资源发展教育事业，这将有利于吸引更多的社会经营资金进入民办高等教育领域，为民办高校发展提供新的契机。

（五）高等教育需求的高涨

为适应我国经济社会发展的需要和人民群众求学的需求，我国政府决定大幅度扩大高等学校招生规模。第一，我国持续快速发展的经济需要更多的高素质人才；第二，广大群众普遍渴望子女都能受到高等教育，政府有责任尽量满足人们的这种愿望；第三，扩招可以推迟学生就业，增加教育消费，是拉动内需、带动相关产业发展的重要举措；第四，由于过去招生比例低，录取人数少，考大学难，迫使基础教育集中力量应付高难度的考试，因此影响了素质教育的全面推行。

据中研普华产业研究院出版的《2022—2027 年民办高校行业市场深度分析及发展规划咨询综合研究报告》统计分析显示：目前我国有 2719 所本专科高校中，有民办高校 768 所，占高校总数的 28.25%，其中本科 443 所（占本科高校的 35.02%）、专科 325 所（占专科高校的 22.84%）。目前正在逐步推进高职扩招，有望直接带动各学校学额的增长，带动相关教育公司业绩内生稳步增长，提高民办高校的市场渗透率。民办高校 2021 年市场规模近 1400 亿元，年均复合增速约 8%。根据测算，2016 年中国民办高校的市场规模为 954 亿元，从 2011 年至 2016 年的年均复合增长率为 8.1%，预计民办高校的生均学费将由 2016 年的 1.55 万元增长至 2021 年的 1.74 万元，2021 年中国民办高校的市场规模将达到 1390 亿元，五年的年均复合增长率为 7.8%。如此大规模的高等教育规模扩张，不可能仅仅依靠公办高校来完成，这为民办高等教育的发展创造了一个历史机遇和拓展空间。

此外，高等教育自身的适应与调整是民办高校复兴的内在动力。在内部管理体制上，通过引入市场竞争机制，民办高校充满了生机与活力。同时，民办高校通过高薪聘用高水平的管理者和教师，大力提高教育设施的现代化水平，把提高办学层次和教学质量作为学校的最高追求，以质量求生存，以特色求发展。更为重要的是，民办高校能较好地根据市场经济需求，培养市场上急需的、职业型的、应用型的复合型人才。这些都是民办教育复兴的根本原因，也是民办高校发展战略和政策需求研究不断壮大的可能性之所在。

（六）民办高校的发展模式

尽管我国民办高校发展的时间较短，但由于我国区域性差异比较大，各地在经济水平、经济体制和教育体制等方面存在一定的差异，因而我国民办高校在发展模式方面也呈现出多样化的特征。概括而言，民办高校大致有五种模式，划分依据主要是发展基础和资金来源的差异，既有起点早、无启动资金的民办高校，又有起点较迟、有大规模投入的民办高校；既有个人投资举办的民办高校，又有企业独资或合资举办的民办高校；既有资金全部自筹的民办高校，又有依靠政府资助的民办高校。但无论是哪种模式的民办高校，都符合民办高校的概念和范畴，即举办者都是非公有制经济组织或非政府机构，经费来源主要依靠自筹资金。

1. 以学养学的早期阶段

以学养学的早期阶段的民办高校主要是 20 世纪 80 年代初期兴办的，办学者在无校舍场所、无教学设备、无教师队伍的情况下，靠租赁校舍、聘请兼职教师来组织教学活动，这类民办高校起点较低、规模较小、条件较差，但以精细的管理、较高的教学质量吸引了不少学生，闯出了以学养学、略有节余、逐步发展的模式。三江学院、黄河科技学院等一大批民办高校，走的就是这样一条白手起家、艰苦创业的办学道路。从租赁校舍到自建校园，从外聘兼职教师到建立自己的教师队伍，从教学条件简陋到逐步实现教学设施现代化，从非学历教育到学历教育，从专科教育到本科教育，这些民办高校不断扩大办学规模，提高教学质量。这不仅是对办学者毅力和能力的考验，更是对学校定位、质量和信誉的考验。

2. 民办教育家与社会资本（资源）结合阶段

民办教育家与社会资本（资源）结合的民办高校走的是高投入、高起点、规范化的办学道路，其主要特点是：敏感地抓住市场经济和社会发展对人才需求的信息，突出专业设置与人才培养的特色，这一特色受到社会广泛欢迎，学校规模也迅速扩大，从而获得了良好的社会效益和经济效益，如西安外事学院、江西蓝天学院、湖南涉外经济学院等民办高校。

3. 教育集团所属的民办高校阶段

教育集团以教育的产业属性为建立前提，借鉴经济发展的经验和成果，引入企业集团的组织形式，创办不同教育层次（往往是从幼儿园到高等教育）的多所学校。集团化办学的主要优点是：按产业发展规律实现教育的规模经营，使资源焕发新的活力，发挥更大的作用。除了品牌效应之外，教育资源还包括教育理念、管理架构、制度模式、运行机制、科研成果、教育信息等，这些资源的共享可以减少办学过程中的许多重复劳动，在一定程度上提高办学效率，这一模式是现有办学环境下一种非常有效的选择。

4. 股份制民办高校阶段

股份制学校是指借鉴股份制企业筹资方式举办的学校。投资参股者是公民个人、企业、社会团体、民主党派等。出资方式可以是土地、资金、房屋等有形资产，也可以是教育品牌、高层管理者的管理等无形资产。股份制民办高校一般由出资人组成董事会，实行董事会领导下的校长负责制。采用股份制办学有利于吸收社会资金、盘活闲置资产用于民办高等教育。《民办教育促进法》中规定，投资者可以获得合理回报，这一法律的实施有利于此种办学模式扬长避短，迸发出新的活力。

5.政府资助的民办高校阶段

随着我国经济的快速发展,政府财政资助民办高校发展的能力日益增强,特别是一些经济实力强大的地区，已经具备了资助民办高等教育的能力。

第三节　新民促法下民办高校发展的着力点

2016年11月7日,第十二届全国人大常委会第二十四次会议通过了《关于修改〈中华人民共和国民办教育促进法〉的决定》(以下简称新民促法)。2017年9月1日新民促法正式实施，标志着我国民办教育将进入一个制度环境更完善成熟的时期。在新民促法背景下，民办高校要发挥自身优势，探索和实践特色发展道路，创办出"高水平的民办高校"，应注意以下重要着力点。

第一，注重内涵建设，培育异质竞争力。在高等教育大众化已经实现的如今，新时代民办高校要适应转型，培育学校的异质竞争力，才能实现可持续发展。结合新法新制的精神，民办高校凝聚异质竞争力的落脚点就是要注重内涵建设，从高效人力资源管理机制、效益至上经营机制、敏捷市场反应机制、有效质量保障机制、优质服务供给机制以及持续创新机制等六个方面培育优质的"学科、专业、课程、师资、管理"整体上提升教育教学水平、人才培养质量和社会服务能力，着力打造具有国际影响力和竞争力的民办教育品牌。强化社会适应性和创新力，在办学层次和专业上办出自己的特色，在学校发展策略上主张差异化、品牌化、后发优势策略。民办高校可以采用"以点突破""小而精"的形式，集中优质资源，主动适配社会需求，在体制机制、办学特色、资源集聚与配置、专业设置、管理体系、考核方法、师资力量、就业市场等方面挖掘和激活独特性、稀有性和不可模仿性，及时将这些特性转化为竞争力和优势。

第二，适应新政策环境，完善内部治理结构。新时代民办高校治理结构是内外各利益主体之间实现良好互动、实现内部权力的合理分配与制衡的一整套机制与组织结构。因此，民办高校实施分类管理后，无论选择营利性或是非营利，民办高校自身必然要设计和制定更合理和差异化的治理结构。"在厘清民办高校各利益相关者的基础上，在新规新制下，切实把握民办高等教育发展的特征和规律，以章程建设为契机，通过章程的制定和修改，改变以往单一单向的管理方式，构建基于共同愿景和价值引领的内外治理要素参与治理模式"①。也可以尝试第三方专业组织介入的"共治"结构，构建政府与高校、董事会与党委、校长与举办者以及第三方专业组织与学校的多元利益主体共同治理的新型治理关系。随着民办高校治理经验的不断成熟、治理关系的日趋完善、治理要素的优化升级，治理结构也必将更加开放、民主与社会化，治理要素也会更加多元、优化与协同，专业化的第三方管理组织介入民办高校治理的深度与广度也将进一步得到发展。

第三，建立产教融合、协同创新的人才培养机制。产教融合的核心是以人才培养为重点，共同利益为纽带，优势互补为手段，成果共享为保障。民办高校必须尽快建立产教融合、协同创新的人才培养协同机制，主动积极对接市场，时刻捕捉行业企业需求动态，根据社会需求进行人才培养的适应性调整，以校政企三维合力、企业深度参与为基石，呼应区域经济建设和产业发展需求。首先，扩展人才培养理念，确立产学研合作教育的"大人才"观，通过专业建设和人才培养体系的改革，满足在校学生、社会人才以及教师发展的多维需求。合作教育各方的价值认同、利益统一和责权明确是驱动力形成的关键问题和合作特征，探寻学校（教师、学生）与企业（企业主、员工）发展、互惠的利益交集，研究产学研合作教育合作途径与方法，融入项目管理思想。其次，政策驱动机制，实行学校、合作企业（社会组织）以及行业专家组成的产学研合作教育项目理事会体制，解决产学研合作教育推进战略、推进项目、推进政策的决策、监督以及成效评估的顶层空白问题，通过实现合作各方责权利的合作契约关系，形成紧密的利益共同体。最后，构建应用型教师、应用性研究的发展、激励平台，形成学校产学研合作教育的环境，构建教师实践应用能力培养平台，加大应用性研究和成果转化支持力度，激发与保持合作方的合作热情与利益回馈。以资金、人才、知识、技术、信息为纽带，建立双向介入、责权明确、全程参与、利益同享、风险共担的校企深度合作机制，构建校企事业发展与人才培养共同体。

---

① 黄小灵.新民促法下民办高校发展的着力点[J]. 教育发展研究，2018，38（7）：3.

第二章　民办高校品牌建设中的
学科专业结构

第一节　民办高校学科专业结构的具体分析

学科专业结构对学校的办学规模、办学质量、办学效益以及人才培养规格具有决定性作用。我国高等教育领域中异军突起的民办高校，由于直接面对市场竞争，加之办学条件、生源质量等较为不足的原因，科学合理地设置学科专业，更是其生存、发展的基础。

一、民办高校学科专业结构的现状

高等学校的学科专业结构，就是高等教育部门根据科学分工和产业结构的需要所设置的学科专业，它是高等学校人才培养规格的重要标记，在高等教育改革和发展中发挥着举足轻重的作用。中国共进行了 4 次大规模的学科目录和专业设置调整工作。2020 年 2 月 21 日，教育部公布《普通高等学校本科专业目录（2020 年版）》，2021 年 2 月 10 日，教育部又对该目录进行了更新，公布列入普通高等学校本科专业目录的新专业名单（2021年），2021 年 12 月 10 日，教育部再次对该目录进行了更新，公布列入普通高等学校本科专业目录的新专业名单（2022 年），较好地体现在拓宽专业口径、增强适应性原则，门类和专业的划分比较科学、合理，专业名称比较规范。

我同专科层次的民办高校，其专业设置的审批主要在各省教育主管部门。因此，各民办高校的专业设置具有较大的自主权，能够根据学校实际，积极主动地面向市场，充分发挥自身办学的自主性和灵活性优势，在不断调整传统专业的基础上及时设置一些社会急需的热门专业。一方面，除了哲学、历史学、农科类专业、工科和医科类的专业较少外，其他学科类的专业都有所设置；另一方面，民办高校特别倾向于设置一些社会热门专业，如外语类专业、财经类专业、信息与计算机相关专业以及法律专业。我国民办高校的专业设置，与公办本科高校一样，必须严格按照教育部颁布的本科专业目录设置专业，本科专业设置的审批权集中在教育部，各高校只能根据市场需求和学校的实际条件做适当的调整。申报本科新专业，必须由教育厅审批报教育部备案。由此可见，国家对本科专业的设置处于较严格的监控中，专业设置的自主性和灵活性受到较大的限制，这在一定程度上也制约着民办高校的本科新专业的开发。

进一步分析我国最早的民办高校的专业设置情况可知，专业设置都没有哲学、历史学、农学和医学专业，教育学、理学和法学类专业较少，而经济学类专业有 11 个，文学、工学和管理学类专业超过 20 个，文学类专业最多，有 34 个。与民办高校专科专业结构的情况一样，民办本科高校也倾向于设置一些社会热门专业。由此可见，民办高校学科专业结构具有明显的一些特征：

（一）实用性专业占优势，纯学科性专业较少

自主就业的实施，使就业前景好或就业后薪酬较高的专业受到学生与家长的青睐。许多民办高校为了招生，很大程度上迎合了家长的这一需求。从市场角度分析，这也是市场规则作用的结果。在发展初期，涉外语言、财经贸易、工商企业管理和房地产营销等专业备受欢迎，几乎每个民办高校都设置了上述相关专业，而一些纯理学或当时相对受到冷落的工学等专业则少人问津，这一情况满足了社会需求，但由于缺乏宏观控制，导致了大量热门专业的重复设置，使某些专业的人才短时间内供给过剩，毕业生就业非常困难。

（二）热门专业重复设置现象较为严重

在民办高校发展初期，人文社科专业占多数，这一状况一直延续至今按照理工科与人文社科两大类专业划分的标准，对我国最早的民办本科院校的本科专业结构状况进行统计，这九所民办高校是我国民办高等教育发展的典型代表，本科专业均是各民办高校专业中办学历史较早、力量较强、经教育部审批备案可招收本科学生的专业，在一定程度上反映了我国民办高校专业结构的现状。这些学校本科专业共有 106 个，其中人文社科类专业有 77 个，占到 72.64%，工科类专业共有 29 个，占到 27.36%。

总体而言，我国民办高校的学科专业结构具有三个基本特征：第一，科类结构不平衡，人文社科类专业偏多，理工类专业较少；第二，发展"短、平、快"的热门学科专业，有利于民办高校本身降低办学成本与持续发展；

第三，由于各校均发展热门专业，热门专业重复设置现象较为严重。虽然受制于现实，但是近年来，民办高校的科类结构较前些年得到了拓展和丰富，一些高校抓住市场机遇，建设新的学科专业，部分民办高校的综合性建设取得成效，理工科类与基础性的学科、专业逐步增多。

二、民办高校专业结构中存在的主要问题

我国民办高校专业设置方面具有适应性、灵活性、超前性和开放性的优势。以浙江树人大学为例，学校刚创办时就设置了国际贸易、工商管理专业，随后又设置了风景园林、家政等专业，这些专业设置在当时浙江省乃至全国都是领先的。但是，综观全国民办高校专业设置的现状以及外部环境，民办高校在专业设置方面还存在一定问题，主要表现在：

（一）市场调研和科学论证不足

在专业设置过程中，缺乏广泛深入的市场调查研究，市场前景分析不够充分，培养目标定位不够准确，市场需求预测缺乏足够的依据，这是目前普遍存在的问题。从专业的提出到专业培养目标的确定、教学计划的制订，基本上是利用收集到的有限资料"闭门造车"，较少采用"走出去，请进来"的办法对新设专业进行严格的科学论证，专业教学计划存在着不足，。

（二）专业设置具有一定的盲目性

我国大多数民办高校成立时间不长，规模不大，效益不高，通过快速地发展新专业，以扩大办学规模，提高办学效益，本无可厚非。但有的民办高校在专业建设过程中缺乏总体规划，专业的近期和远期发展目标不明确，看到或想到哪些专业热门，就申报哪些专业，专业设置带有很大的随意性和盲目性。每年申报专业时，有些院校在数量上求多，但申报成功的专业却只是少数。民办高校要特别注重专业所需的师资队伍、实验设备和图书资料等教学条件方面的筹备工作。

（三）专业设置缺乏特色，偏重低成本专业

民办高校的专业大多依从学生未来的择业需求和社会经济建设的人才需求而设立，这种做法对改变以往忽视社会需求的专业设置状况是一种进步，但也有其弊端，即专业设置往往雷同，不注意考虑形成自身的特色，

不顾自身的办学条件、师资水平，一窝蜂地追随社会热点。几乎每所民办高校都以发展外语类、计算机类、经贸与财会类等社会热门专业为办学重点。虽然法律规定民办高校不能以营利为目的，但作为面向市场、自主办学、自我发展的独立办学主体，民办高校在专业设置上往往以办学成本较低的专业为优先考虑对象，重视投入产出，尽可能降低办学成本，较少考虑专业设置结构的合理性。如文科类专业和其他实验设备要求较少的理科类专业的设置最为普遍。

（四）专业设置的布局有待提高

绝大多数民办本科高校都把社会和家长认为最具就业前景的专业，作为学校专业设置的首选，如外语类、财经类、信息与计算机类、工商管理类专业，造成民办本科高校专业布局总体上的不合理，各个学校之间的差别远不像人们想象的那么大，办学特色不明显。另一方面，几乎所有民办本科高校都放弃或忽视以研究为导向的人文科学、社会科学和自然科学等基础性专业。

数学、历史学、社会学、理论经济学、生物学、物理学这些一般本科高校中不可或缺的学科专业，在目前的民办高校招生专业目录中几乎看不到。另外，投资大、风险高、见效慢的医学类专业，被社会上称为招不到学生的、艰苦的、冷门的农学类专业，同样在民办本科高校招生专业目录中也找不到，因此，造成了民办高校专业布局的严重失衡，影响了民办高校的可持续发展。

（五）本科专业设置的自主权较低

由于我国高校的本科专业设置权目前仍主要掌握在教育部手中，虽然已有六所名牌高校（北京大学、清华大学、北京师范大学、上海交通大学、浙江大学、武汉大学）获得了本科专业设置的自主权，但绝大多数本科高校（包括民办本科高校）缺乏自主设置本科专业的权限。如果民办本科高校完全没有专业设置的自主权，其生命活力和发展空间将受到一定限制。从六所名牌高校获得专业设置自主权这一突破性的变革到我国高校（包括民办高校）真正成为适应市场经济建设的专业设置主体，还将是一个长期的艰难过程。

三、民办高校专业结构形成的原因

我国民办高校专业结构的形成有其特定的历史原因，它适应了当时我国社会经济发展的状况，也适应了民办高等教育发展的初级阶段。

（一）参与竞争的需要

民办高校办学初期，受办学实力限制与公办高校挤压的影响，民办高校必然要避开公办高校实力较强的传统专业。当时公办高校中与第三产业相关的专业设置较少，而且受国家计划管理和经费投入的影响，专业转换难度较大。民办高校设置此类专业，能够避开公办高校的办学优势，占据市场。

（二）市场意识的体现

产业结构是制约高校学科专业建设与发展的一个重要因素。民办高校发展的初期正值我国第三产业兴起，市场对人才需求旺盛的时期，高等学校中与第三产业相关的专业成为热门专业，备受家长与学生的青睐，而这些专业大多为经济管理等文科类专业。民办高校及时瞄准市场，找准切入点，充分发挥市场机制，积极发展第三产业所需要的专业，培养相应的人才，体现了民办高校机制灵活的特征和贴近社会需求办学的市场意识。

（三）发展实力的制约因素

民办高校发展初期办学条件相对较差，社会认同度较低，资金严重缺乏，绝大多数学校处于滚动发展的状态。早期设置的民办高校，其发展经历了高考复办班、学历文凭考试助学和普通学历教育等三个阶段，而前两个阶段的办学成本是最经济的，这样的办学思维自然也延续到了普通学历教育。由于文科类学科专业的办学成本相对较低，不需要建设太多的实验室，适合民办高校发展初期投入少、成本低的要求，有利于学校资金积累和滚动发展，自然就成了尚处于发展初期阶段民办高校的首选。

（四）师资水平的因素

民办高校办学初期，主要聘用公办高校的兼职教师。在教师的聘用和管理上，与工科类的教师相比，人文社科类专业教师在时间方面更加灵活，并且很少受到实验、现场教学等因素的制约，管理相对比较方便。因此，民办高校较好地利用了这一资源空间，通过特聘、专聘、返聘等形式，聘用公办高校在职的人文社科类专业的教师，解决了起步阶段教师队伍不足的困难。

（五）实利与实用思想的影响

招生是民办高校生存的第一要素。许多民办高校为了招生，迎合家长与学生的需求，采取实利主义或者实用主义的价值取向。在人文社科类的专业中，财经类专业非常热门，国际贸易、工商管理、金融、外语等专业是实现学生与家长追求的最热专业平台；在工科类专业中，主要是与计算机、电子信息相关的专业非常热门。实用、实惠、能挣钱成为家长鼓励子女选择这些专业的强大驱动，好招生、好就业、市场需求旺盛则是民办高校开办这些专业的主要原因。

第二节　民办高校专业设置改革的主要思路

一、民办高校专业设置改革的主要原则

我国民办高校的办学层次主要以专科教育为主，而专科层次的民办高校又主要以举办高等职业教育为主，因此，其专业设置具有很强的高等职业教育特征。但是，不可否认的是，目前我国民办高校的专业设置大多沿袭了公办高校的专业设置。究其原因，除了我国教育体制计划经济的制约因素外，与从事民办教育的人员大多来自公办高校不无关系。令人遗憾的是，传统专业所沿革的是传统的学科分类，考虑更多的是专业的精准，课程的模式大多是知识本位，没有顺应社会的需求和市场的调剂，难以实现与人才市场的对接，这些毕业生改行的很多，许多毕业生并没有从事自己的专业，学校煞费苦心为学生们设计的专业课，在学生毕业之后并没有在所有学生中起到作用，这种状况必须予以改变。

民办高校的专业设置按照以下指导思想来进行：第一，是国家的经济建设和社会发展的状况，尤其是本省的经济、社会发展的需要，按照人才需求的状况来考虑专业设置。第二，把目前高等学校，尤其是本省高校专业设置的状况和专业设置的指导思想作为借鉴。第三，就是根据民办高校的实际，尤其要借助学校原有专业设置上的优势。

（一）根据人才市场的需要设置专业

民办高校与公办高校相比，更应该注意考虑市场的需求，因为民办高校主要靠自身滚动发展，如果专业设置不能以市场需求为导向，不能根据

当地产业政策的要求和产业结构的变化开设专业，就不能为社会输送适销专业人才。因此，民办高校应灵活主动地适应市场需要，根据人才市场的需求来设置专业，从而才能保持专业的生命力。劳动力市场需要哪些类型的人才，就培养哪些类型的专业人才，其专业类型主要由学校选择，在专业设置的策略方面可以一定程度地体现"先上后稳、逐步完善"的思想。

（二）根据未来发展趋势开设前瞻性专业

在专业的设置上，适应社会的需要是关键，但适应不是被动地跟着社会跑，而应站在学科和人才需求的前沿，让专业设置具有一定的前瞻性。因此，民办高校必须提前进行科学的预测和调研，科学地预测来进行对经济和社会发展趋势、科技发展走向对职业岗位要求的变化以及人才需求变化的周期性规律的把握，超前设置相关的应用型新专业，尤其是学科交叉的应用型新专业，以抢占人才市场的制高点，拓展新专业的发展空间。

（三）根据学校的可行性开设专业

民办高校在专业设置的可行性分析上，主要考虑两方面的因素：一方面是基本的可能条件，即校内条件，如校内相近专业开设情况、相关师资、实验室等；另一方面是借用可能。民办高校在专业设置时要考虑市场需要与自身能力的协调关系，同时也要强调在具备基本条件的情况下，借用其他外部条件发展。例如，可以借用业界的力量，如兼职教师、校外实习基地和合作培养单位等。通过对校内外可能因素的分析，可以总结出专业设置可行性的大小。

二、民办高校专业结构改革的动向

（一）根据产业结构的变化和人才需求调整专业

第一，随着知识经济的进一步渗透，产业结构不断地调整与升级，社会发展中行业经济对于人才的需求有了新的变化。传统工业技术产业的复苏与发展对人才提出新的需求，以制造业为代表的工业发展加快，国外许多制造业迁移到中国，在经济发展中占据较大的份额，一些地区纷纷加大先进制造业发展的力度，如杭州、苏州、南京等。制造业的复苏和兴起，对人才培养提出了大量需求。

第二，新技术、新工艺、新材料的发展，对技术人员提出了新的需求。

随着科学技术水平的不断提高及应用范围的不断拓宽，传统产业结构不断得到调整与升级，如传统产业中的机械行业、材料行业、能源交通行业等不仅对行业专业人才需求旺盛，而且对与生产相关的信息、工程管理等专业人才也有很大的需求。未来的十大热门行业分别为：电子信息类、生物技术类、现代医药类、汽车类、物流类、新材料类、环境能源类、管理类、法律类与营销类，其中工科类相关专业占了 60%左右，这预示着未来产业结构调整的方向，也预示着行业经济对工科专业人才的需求。

第三，从人才市场的需求而言，由于近年来的发展，一些文科专业重复设置和人才过多培养，许多文科毕业生需求基本饱和，此类专业的毕业生就业越来越困难。国家教育行政部门曾专门下文限制部分专业招生，其中绝大多数是文科专业；在各地教育部门公布的限制设置招生的专业主要也是文科专业。与此同时，一些应用类工科技术专业的毕业生出现了供不应求的状况，就业市场需求旺盛。这虽然在很大程度上受产业结构调整的影响，但是，就业市场信息对于民办高校生存发展及其学生就业是一个更为直接的信号。

（二）根据民办高校内部看调整专业结构

第一，知识经济的发展和高等教育大众化的深入，对人才培养提出了更高的要求。通识教育、文理渗透、综合素质培养已成为高校人才培养的新课题。从专业设置的定位而言，民办高校主要以培养应用型、复合型人才为目标，学科专业之间需要交叉渗透。例如，现在的贸易类专业不仅要传授贸易理论知识与技巧，而且要使学生了解贸易产品的行业知识，如加工业、制造业、机械材料业等。因此，民办高校的人才培养不仅需要适应外部社会经济与市场的需求，也需要专业科类之间的相互渗透，形成一个相对平衡的科类结构。适当发展工科类教育，有利于改善人才培养的知识结构，从而提高人才培养的整体质量。

第二，民办高校要发展规模，也必须发展工科专业。规模是民办高校发展的重要因素，没有规模就不会有效益。规模的发展需要有一定数量的专业支撑，向工科发展，可以拓宽专业的设置思路，从而拓宽整个学校的发展思路。

第三，民办高校竞争实力的增强，具备了逐步发展工科教育的条件。民办高校办学初期，办学经费困难，条件相对较差。随着经济的发展和高等教育市场化的影响，部分起步较早的民办高校较好地完成了资本的原始积累。后续发展的民办高校则通过资本运作甚至负债经营的方式办学，加快办学硬件建设，实验设备的投入也大幅增加。同时从民办高校的实际情况而言，民办高校专职教师队伍建设的步伐加快，已经克服了以往完全依靠外聘教师的状况，专职教师的比例逐年上升，基本满足了教学和管理的需要。专职教师队伍的建设为稳定开展工科教育提供了保证。

（三）根据民办高校发展提出工科教育的对策

第一，加大专业设置的自主权。民办高校要面向市场需求，及时了解市场信息来调整身的学科专业结构，因此，民办高校在专业结构调整方面应具有相当大的自主权。然而，在民办高校专业设置过程中，必须经过主管部门的层层审批，教育行政部门往往用管理公办高校的传统模式来要求民办高校，致使民办高校在专业设置自主权方面受到限制。有关部门应该从战略的高度来认识民办高校发展工科教育的重大意义，给予民办高校在工科专业设置方面更多的自主权，充分发挥民办高校弹性灵活的市场机制。

第二，准确的目标与定位。我国的民办高校以面向地方经济与文化发展、适应市场人才需求为主要目标培养各行各业的人才。发展工科教育必须充分考虑到地方经济对工科专业人才的需求，了解区域经济资源的布局与类型，充分考虑地方经济的发展方向，以确保学科专业的生命周期。各民办高校的发展历史、区域环境、发展道路等各不相同，其不同的定位、学校类型与层次也决定了发展工科教育模式的多样化。总体而言，民办高校要将学校现有的学科专业建设与工科专业建设结合起来并进一步拓展，形成"以学校定位为中心、区域经济与市场需求为导向、现有工科学科专业为基础"的工科教育发展原则，寻找适合自身发展的工科教育发展道路，建设具有特色的工科学科专业，为区域经济的发展服务，谋得自身更大的发展空间。

第三，加大工科学科专业建设的经费投入。发展工科教育往往需要实验室、实验教学设备与仪器等的大量资金投入，并且工科类学科专业的建设周期相对较长，从经济学"成本—收益"的角度分析，短期内收益率不高。但是，民办高校的管理者要转变观念，要看到民办高等教育不平衡的科类结构现状，看到工科教育在民办高等教育中的潜力，积极采取多种投入方式（如银行借贷、资本运作等），扶持有前景的、与地方经济相适应的工科类学科专业的发展，改变民办高校薄弱的工科教育现状。

第四，根据工科类学科专业师资队伍比较薄弱的现状，民办高校要从四个方面加强建设：首先，根据工科类学科专业的建设需求，积极引进学科专业带头人；其次，加强本校工科类专业教师的培养与进修；再次，聘请其他大学、企业的专家、教授对学校工科类学科专业的建设进行指导；最后，外聘一些工科类学科专业教师到校任教，加强教学力量。从师资管理角度而言，学校要形成"以人为本"的竞争激励机制，对工科类学科专业的发展要有倾斜，在职称、薪酬、学科带头人与骨干教师评审等方面要有自由宽松的竞争环境，对在教学、科研与学科建设方面有成果的个人与单位要进行表彰奖励。

第五，转变管理观念，以"产学研"合作为纽带，加强校企合作。一方面，学校领导必须转变观念，发挥民办高校弹性灵活的内部管理体制，转变部门职能，推进并理顺二级管理关系，扩大二级学院（系）的办学与管理自主权限，以利于工科类学科专业在市场机制的推动下自主发展；另一方面，有关学院（系）要发挥自身的能动性，积极开展教学、学术研究与社会实践服务活动，以"产学研"为纽带，加强与企业的联合，加强横向的科研项目、产品应用、基地建设、人才培养、创业与发展、服务项目等方面的合作，以多样化的合作形式推进工科类学科专业的发展。

总而言之，在当前的社会经济与就业市场的需求背景下，民办高校应该平衡内部人文社科与工科教育的科类结构，发挥体制优势，克服资金投入、师资队伍等方面的障碍，转变管理观念，加强制度创新，实施相应的组织变革，积极发展工科教育，为民办高校进一步做强做大拓展更宽阔的空间。

第三节　民办高校专业建设方法的辩证解读

一、民办高校专业建设方法的作用

"民办高校的专业建设突出灵活的机制、体制优势，以服务地方经济社会发展为宗旨，以就业为导向，搭建校企产、学、研结合的工作平台，构建具有民办特色的素质与能力并重的课程体系，突出实践性、应用性。建设教学、科研、行业能力协调发展的双师型师资队伍和教学团队，积极探索教学改革，创新教学方法"[①]。高校的中心任务是培养人才，人才培养的中心环节是教学，教学建设的核心任务是专业建设。因此，以教学为主

[①] 雷晓斌.民办高校专业建设实践探索[J]. 学园，2013（25）：67.

的民办高校更应将专业建设作为核心的、主体的工作。专业建设对于民办高校的发展具有十分重要的作用。

（一）落实民办高校的办学定位

办学定位是学校根据经济建设和社会发展的需要，根据学校自身条件在人才培养中的位置，确定学校在一定时期内的总体目标，培养人才的目标、层次、类型和人才的主要服务面向。民办高校的办学定位，应是适应地区经济建设、社会发展和科技发展的需要，结合学校的实际情况，为地区现代化建设培养德、智、体、美、劳全面发展的高级应用型人才，以培养本专科学生为主，为区域现代化的生产、建设、管理、服务的基层提供服务。专业建设是以教学为主的民办高校这一办学定位的最重要的具体体现。

（二）培养高级应用型人才

专业建设是人才培养质量的根本保证。专业建设的主要环节有人才培养方案的制订、课程设计与开发、教材建设、实验室建设、实习基地建设、教师队伍建设、教学管理实施、教学模式设计、教学改革等，专业建设通过精心设计应用型人才培养的每一个环节，扎实地实施每一个环节，切实提高人才培养的质量。

（三）推动相应的应用型学科发展

民办高校专业建设需要跟踪社会对专门人才的知识、能力、素质结构的需求，确定人才培养方案，与此同时，专业建设不断对知识更新提出要求，需要将学科建设的成果及时充实到教学内容中。应用型专业建设对支撑专业的应用型学科在专业教师队伍、学科研究方向、科研成果与学科内容密切相关的课程内容等方面提出了新的要求，对学科建设起到了促进作用。

二、民办高校专业建设的指导原则与指导思想

（一）民办高校专业建设的指导原则

1.坚持体现民办高校的办学定位

以教学为主的民办高校的专业设置、布局和每个专业的人才培养方案、教学模式、教学内容，都应体现人才培养的应用型定位，专业建设所采取的措施应该都为了实现这个定位，以应用为本，坚持为地方经济社会发展

培养适用人才。

2.坚持专业学科的一体化建设

专业建设、发展必须依托学科。学科建设可以提高教师的科研水平，教师可以将最新的科研成果融入教材中，应及时充实课堂教学内容，有利于专业办学水平的提高。对于民办高校而言，专业建设重要的是以应用为导向，充分发挥学科支撑专业建设、专业促进学科发展的作用，明确每个专业的支撑学科，增强专业的适应能力，坚持为地方或区域社会经济发展服务，面向行业、面向人才市场需要设置专业和办好专业。

3.坚持突出民办高校专业特色

民办高校最有导向性和最明显的特色是通过所办专业的特色反映出来的。而专业特色是由特定的师资、课程、人才培养途径等多项指标因素构成的。专业特色的形成，不仅在人才培养方面将发挥重要的作用，并且在提高专业的知名度和学校在社会上的声誉，增强学校的吸引力、凝聚力等方面，都有着重要的意义。民办高校在专业结构布局上，应根据社会对应用型人才的需求以及学校的实际学科、专业基础和建设能力，扬长避短，重点建设特色专业。每一个专业都应注重专业特色的挖掘和培育，逐步形成鲜明的专业特色，只有这样才能形成民办高校人才培养的综合优势。

4.坚持培养人才综合素质的原则

民办高校应围绕人才培养来定位，在专业建设的各个环节都应贯彻全面发展的人才观，坚持宽口径、厚基础、重应用，加强实践教学，加强道德与素质教育和能力培养，注重人才综合素质的提高。

（二）民办高校专业建设的指导思想

专业建设的指导思想决定着专业发展的方向。不同的高校结合自身发展的实际提出了各自的专业建设思想。例如，民办高校之一的巢湖学院，在本科专业建设指导思想上提出了"立足自身、适应需求、突出重点、办出特色"的原则，从而确定了专业建设的主要任务是：重点提高 2~3 个办学条件较好、能适应社会需求的优势专业；大力发展 1~2 个能体现新世纪高新技术的领先专业；积极发展一批地方与区域经济发展需要的应用型专业；果断关闭一批口径过小、专业面窄的长线专业。针对民办高校，其专业建设的指导思想应遵循"三个面向"为战略指导思想，落实"两个适应"和"一个符合"的基本要求。

"三个面向"专业建设必须"面向现代化、面向世界、面向未来"。第一，面向现代化，即在专业（学科）建设中，要尽可能创造条件，注入现代化的理论、思想和现代化科学技术、管理等，使专业建设的观点、起点尽可能高一些；第二，面向世界，即要放眼世界，面向国际先进科技、教育，使学校的专业建设能够走在时代的前沿；第三，面向未来，即专业建设须有发展的观点，同时要有前瞻性和预见性。

"两个适应"，一是要适应科学技术本身发展的需求；二是要适应国民经济与社会的需求，特别是要适应地方、区域经济（长三角地区、浙江省地区经济）的需求。"一个符合"即要符合高等教育本身发展规律的要求以及学校定位的要求。

因此，民办高校在专业建设中应特别注重三个"强化"。第一，强化优势，即要进一步加强学校原有优势专业的建设，使之在保持原有优势的基础上，进一步强化建设，优上加优；第二，强化专业整合，即要经过合理调整与科学整合或重组，改变某些专业（学科）面过窄、缺少发展空间的状态，并最终使学校的专业结构合理、布局得当；第三，强化专业群建设，着力发展以一两个主干学科为核心，若干个学科组成且互相支撑的学科群。

三、民办高校专业建设的实践路径

（一）调整专业结构

1. 调整与优化已有专业

随着国家产业经济结构的调整及传统产业的全面改造升级，与之相适应的传统学科专业，应赋予能够体现时代特点的新内容。第一，合并专业服务方向相近的专业；第二，对传统专业采取改造与保护相结合的办法，改造办学基础好，但社会需求量明显减少的传统或长线专业，通过重新修订人才培养方案，改革人才培养模式，更新教学内容以增强学生适应性，提高专业的竞争力和办学活力；第三，对办学条件较差、专业面过窄、培养方向不明确、社会需求量少的专业，通过撤销、暂停招生、减少招生数量或隔年招生、合并、转向等不同措施予以调整、改造和更新。

2. 扶持特色专业

特色专业是指在专业改革成果和建设水平在一个方面或多个方面达到较高水平的、人才培养具有明显特色的专业。特色专业是民办高校的标志性专业，是提高知名度和体现民办高校生存价值的重要载体。在专业结构调整中，对学校的每个专业都建成品牌特定专业是不现实的，应采取非均衡发展的策略，选择一些办学历史较长，具有一定办学特色和较高办学水平的专业进行重点建设、重点扶植，使之成为优势和特色专业。

3. 加强建设重点专业

有计划、有重点地分级、分批重点建设一批学术水平高、师资力量强、教学条件好、教学质量高、社会经济效益和特色明显的重点专业和示范专业，主要包括：在国内外同类院校中有明显优势的专业、能够适应地方经济建设和社会发展需要的专业、适应当前科技发展需要的新兴交叉学科专业以及具有发展潜力的能够成为学校新优势的专业。

（二）加强建设专业内涵

在专业的调整和设置的同时，应加强专业内涵的建设。民办高校应根据社会及科技发展的需要，进一步明确专业人才培养目标和规格，重新修订人才培养方案和教学计划，充分体现整体优化的原则，坚持教学计划的统一性与多样性相结合，科学性与稳定性相结合，打造能反映学校特色和水平的"名牌专业"。

1. 专业建设的基本要素

专业建设的内容极其丰富，主要包括：专业（学科）名称、研究方向、内涵、特色、优势、省内外地位，学术队伍、学术带头人、方向负责人、梯队、层次、水平；教学、人才培养层次、教改、水平、教学计划、课程设置、教学大纲、教材（文字、声像）等；科研设计（开发）、项目、经费、获奖、专利、论著、国内外学术交流，实验室、设计室、工作室、校外实习基地等，图书馆图书资料等；管理、规章制度、文档等。

2. 深化教学内容和课程体系改革

深化教学内容和课程体系改革，是专业结构调整和人才培养模式改革的重点和难点，必须从民办高校的整体着手，有组织、全方位地改革教学内容和课程体系。在课程结构方面，应根据人才培养的类型和要求来确定课程结构，以学科专业发展的内在逻辑来组合课程，同时要求与社会需求变化相适应。在课程改革方向上，应把握"整体性、综合性、应用性"原则，提倡课程设置厚基础、综合化，力求课程整体结构优化，以便学生从整体上掌握知识，促进学生应用能力的拓展。在课程内容方面，大胆吸收当今科技发展的新成果，突出重点、难点，增加人文素质教育及实践技能课的分量；在课程设置上，开设个性化课程，即学生可在一定范围内自由地选择符合自己兴趣特点或能力状况有利于发展个人特长的课程。

3. 以教师为主体转化为以学生为主体

对人才的培养应充分利用现代教育技术发展的成果，突破学校与课堂的时空限制，促进教学信息来源的多样化及教学方式的个性化，促进学生主动学习，提高学习效益。此外，民办高校要加强实践教学环节，走产学研一体化道路。培养学生的创新精神和创新能力，不仅要通过课堂的教学，还要通过实践活动养成学生的创新品质和能力，必须加强实践教学环节。例如，增加实践教学经费的投入和建设校内外实践基地、加强教师对学生实践教学活动的指导，减少验证性试验，增加综合性、设计性、创造性的实验，充分发挥第二课堂和社会实践的辅助作用，发展学生个性和特点，鼓励学生在教师指导下开展科研活动，引入本科生导师制等。

（三）完善专业建设保障体系

专业建设不仅要求有序化，更需要科学化，涉及不同的方面或层面，民办高校只有与时俱进，才能常改常新，适应科技、社会发展的需要。

1. 明确管理目标

专业的调整和优化是一个系统工程，涉及教学、学位管理、科研、人事管理、设备管理、图书资料建设学术交流等大学管理的各个层次，而各个有关部门和环节又是相对独立的。因此，专业建设中的协调工作是必不可少的，为保证学科专业建设各方面工作的协调，对学科专业建设应实行目标管理模式。

加强专业管理制度建设，制定各项细则，做到目标管理层层落实，从而实现专业管理的科学化、制度化、规范化。同时要制定相关的配套政策，为专业建设提供人力、物力、财力保障。实行立项管理和项目负责制，滚动建设为避免专业设置的盲目性和随意性，鼓励发展新兴、交叉、综合性学科专业，专业建设要实行立项管理和项目负责制，竞争滚动发展。立项程序分为申报、评审和批准立项三个步骤。由学校学术委员会按公开组织、公正和公平竞争的原则进行，评审经学校批准后通过，再由主管部门与专业所在院（系）订立项 1：1 评选目标协议。

以评促建，评建结合。加强对新办专业的评估验收，是提高教学质量和促进学科专业、学科发展的重要环节，要严格对照《新专业建设基本要求》的标准，保证每个新专业的基本办学条件达标。评估的重点是人才培养方案制订和落实、教学基本建设、师资队伍建设、教学条件、教学效果和教学研究等六大方面。

2. 完善学科的生长机制

长期以来，我国民办高校学术机构决策机制是一种从属性决策与个人决策相结合的机制，即学术机构的决策从属于学校行政决策，即使是在学术机构内部，也主要由各院（系、所）负责人决策，这种脱离了学术权力的内在支配而成为纯粹的行政意志，其决策难以得到支持和贯彻。因此，正常和健康的学科专业生长机制，应是集权与分权、集中与民主相结合的学术决策机制。民办高校应充分发挥学术机构的评议、监督和指导作用，学校新专业的建设规划、课程设置、学科建设等重要事项应提交学术机构审定，各级行政部门在专业设置和调整宏观决策过程中，听取和及时采纳学术机构的意见。

在专业管理中引入激励—竞争机制，有助于专业的自我发展。激励—竞争机制是一系列旨在从根本上促进学科专业建设的自觉性和主动性、奖优罚劣的制度安排，在专业建设中更好地贯彻"奖优、促差、汰劣"的原则，能够不断推动民办高校专业建设的优化和升级。

四、民办高校专业建设的具体措施

民办高校要想在专业建设的竞争中健康、可持续发展，就必须建立与之相适应的发展战略。民办高校核心竞争力的专业建设实现路径及培育对策，能够为主动适应社会经济发展新常态、实现民办高校可持续发展提供决策依据。民办高校专业建设的具体措施主要包含以下方面：

（一）发挥民办高校的体制优势

纵观我国民办高等教育的发展历程，民办的体制优势促进了民办高校的发展，这种体制优势是民办高校可持续发展的核心竞争优势，给民办高校提供了更大的办学自主权和发展空间，使民办高校能够真正地面向社会和教育需求，充分利用社会资源，在与社会全方位的互动中发展壮大。从核心竞争力特征、民营企业发展壮大的实践分析，体制优势是民办高校发展的不竭动力。现阶段，民办高校的许多深层次矛盾长期没有得到解决，许多现实困难的存在制约了民办高校的进一步发展。民办高校不可能与公办高校拼实力比规模，只能以民办的体制优势为基础，培育核心竞争力。在办学过程中，如果民办高校办学体制上的优势不能体现出来，就等于没有优势，就会失去核心竞争力。

1.转变办学理念

民办高校要体现自己的核心竞争力，要明确自己的办学理念，这是因为办学理念决定着学校的定位和品质，是一所高校的灵魂所在，是高校持续发展的精神和文化动力。从教育的地位而言，民办高校是我国高等教育体系的重要组成部分；从教育的属性而言，民办高校与公办高校一样，都深深打上了"公共产品"属性和"社会公益"性质的烙印。在我国现行法律中，不得以营利为目是举办教育的一项基本准则，合理回报是对民办教育的政策鼓励。不管是民办高校举办者，还是管理者，都必须有清醒的认识，只有端正办学指导思想，切实将举办民办高等教育活动作为一项长期的事业追求，克服短期寻利行为，切实加大教育资金投入，严格按照教育规律办事，努力提高教育教学质量，才能得到国家的鼓励和支持，取得社会的理解和认可，并最终保证学校的健康发展。如何准确把握合理回报，如何在合理回报之外，避免过度的营利动机和急功近利行为，是民办高校发展中的一道选择题，需要从办学理念的导向上予以澄清，在行为过程中进行纠偏，这是民办高校发展的前提。

（1）坚持"以人为本"是办学理念的内核。民办高校在培养人才方面应该属于应用型高校，它主要是适应现代经济与社会发展的多层次人才结构需求及高等教育大众化而形成的一种办学定位。作为应用型民办高校的办学理念，在多元的视域下，寻找办学理念的要旨，是离不开高等教育的本质的，即以人为本，培养社会所需要的人。民办高校作为高等教育体系中的一个"弱势群体"，应该着眼于学生的成长与开发，而不是固定模式的塑造。民办高校在办学过程中，应变革教育理念，提高对高等教育本质的认识，以学生的成长为目标构建教育目标，实现以知识传输为主向提高学生综合实力的过渡。

（2）科学合理的办学目标是办学理念的前提。办学要有目标，只有这样才能集中力量大刀阔斧地进行规划与建设。民办高校在办学目标上，不能与公办高校攀比，必须脚踏实地地走好每一步。一个科学合理的办学目标可以指出学校未来的发展方向，这是一种全局性的、方向性的把控。民办高校要想在高校如林的今天取得一定优势，科学合理的办学目标是办学定位的重要一步。从我国高等教育的布局和民办高校发展的实际而言，当前大多数民办高校应定位在大专层次的高等职业技术教育，以培养应用型人才为主。民办高校也一样，所以其在发展中完全可以"独树一帜"，尝试不同类型的层次定位，敏锐触摸社会需要，提出独特的办学目标并为之提供个性化的教育服务，彰显鲜明的、富有特色的办学目标。适合自己的且颇具特色的办学目标才是最好的办学目标。

2. 健全法人治理结构

健全法人治理结构是民办高校科学决策和民主管理的组织保障，也是有序运行和健康发展的制度基础。法人治理结构最本质的特征在于权力制衡机制，即所有权与决策权的制衡、决策权与执行权的制衡、管理权与监督权的制衡。正确理解本质特征的权力制衡关系，避免股权过于集中、董事会角色错位，明确股东、董事、校长和其他利益相关人之间权利和责任的分配，强化激励约束机制，就必须按照现代产权制度，完善法人治理结构和治理监督机制，这是建立民办高校科学、民主决策机制的核心。

民办高校应完善董（理）事会结构，董事会领导下的校长负责制是民办高校法人治理结构的重要特色，出资人与董事会之间是一种信任与托管的关系，他们之间最基本的关系是资产授权经营关系，即按照相关法律和学校章程的规定以及实际的需要，出资人把直接管理高校的权利委托给董事会，由董事会派出的董事进行民主、科学的决策。按照《民办教育促进法》的规定，由投资方或者其代表、校长、职工代表等人员组成董（理）事会，实行董事会领导下的校长负责制。目前，我国民办高校基本上实行的都是董事会制度，但是其构成不尽合理，特别是一些独资的民办学校采取家族式董事会，董事会的成员都属于董事长的亲朋好友，这种董事会组成方式往往会产生管理不够民主、决策片面、缺乏监督等问题。因此，民办高校可以借鉴优秀私立高校的董事会制度：第一，在组成上，董事会成员应该由具有较大号召力和社会影响力的社会知名人士来担任，其来源要具有广泛的代表性，既要有政府相关职能部门的官员、（投资）公司企业高管、教育专家与社会贤达等，也要有学校内部教职工代表，甚至学生代表。第二，要明确董事会与校长的责、权、利关系，确保董事会与校长之间既有分工又密切协作，赋予董事会成员以明确的职责和职权，制定科学的议事程序，使其真正成为社会参与办学的代言人。

董事会与校长各司其职，既不能越位，也不能空位，重大问题不能由董事长或校长一人说了算，一定要通过董事会讨论做出决议。从历史与国外的经验而言，这一体制比较符合民办高校的特点，能够较大地调动个人或社会组织投资高等教育的积极性，有利于提高全社会投资教育的整体能力，并从观念和政策上较好地解决资本的寻利性和教育的公益性之间的矛盾；有利于民办高校内部重要问题的民主决策，使决策与执行分离，形成相互监督、相互制约的内部管理机制，避免个人或小团体垄断学校的决策权，实行专家治校和学校自治。

3.完善资源整合机制

民办高校充分利用自身的体制优势，增加和拓展民办高校人力和物质资源的存量和增量，是构建和完善民办高校的资源整合机制，提升民办高校的整合能力，形成民办高校核心竞争力管理核心的重要手段。卓越的整合能力不仅可以形成核心竞争力的管理核心，而且是整合民办高校各项资源，使之成为系统化的核心竞争力的转化器。

（1）健全优秀人才资源吸纳运用机制。核心竞争力是长期优于竞争对手的一种整体能力，它是通过组织内部各种能力的有效整合所形成的，有效整合过程中的主体是组织的成员，他们掌控着有效整合的全过程，从形成到提高再到更新的每一个环节均由组织成员来完成。人的主体性的发挥是核心竞争力形成和发展的持续动力所在，与此同时，人还是各种要素能力的物质载体，其质量和数量从根本上决定着核心竞争力形成的规模和档次。因此，不拘一格地选拔人才，建立健全优秀人才资源吸纳运用机制，是各种资源整合机制的力量源泉。

（2）构建高效的物力和财力资源吸纳机制。物力和财力的不足是长期制约我国民办高等教育发展的重要因素。向银行大量贷款和靠收取学生学费的"以学养学"，是许多民办高校筹资的趋同化思路，但这并不能从根本上解决筹资问题。积极探索民办高校新的资金筹措方式，为自身发展筹集到足够的资金，成为绝大多数民办高校迫在眉睫的重要问题。民办高校的负债经营，一方面是民办高校自主办学取得跨越式发展的有益尝试；另一方面负债也带来了风险，这种风险会影响民办高校在市场中的竞争力。因此，民办高校要想在优胜劣汰的教育市场竞争中，处于不败之地，在没有国家财政的支持下，应利用民办的体制优势，建立一种多元化的融资渠道、投资保障机制及合作共享机制，采取校企合作、校地合作、校研合作、校校合作以及国际合作等形式。与此同时，还要建立一种有效的资源配置制度，对现有的物力、财力资源进行科学管理、有效利用，通过引入市场机制合理优化配置、挖掘潜力、减少浪费，使其现有的物质资源发挥最大效能，从而保证教学科研设备、图书资料、现代化教学手段等方面的资金投入，为民办高校的可持续发展提供资金和物资保障。

（二）培养独具特色的应用型人才

随着新时代教育的发展，民办高校今后发展的重心已从扩大数量规模转向提高办学质量和特色上。只有质量和特色才是民办高校赖以生存和发展之本，只有具有了质量和特色的民办高校才能形成竞争力，而质量和特色最后又集中体现在培养具有特色的人才上。因此，人才特色是民办高校实行可持续发展、全面提升核心竞争力的根本，而科学定位和推进应用型人才培养是培养特色人才的重点和突破口。当前民办高校大多数为高职院校，人才培养模式也多以适应市场的应用型、实用型人才为主。民办高校应建立与完善适应市场变化需要的应对机制，特别是课程设置、教学方法手段的运用等都应以市场的变化为根据，因为人才质量的高低将直接关系到办学能力和竞争力的提升。

1.培养模式与培养规模的兼顾

从国际视野而言，国外民办高校普遍十分重视内涵建设，注重完善办学设施，加强教师队伍建设，努力降低师生比，不断深化教学改革，切实改进课堂教学效果，千方百计为教师从事科学研究提供各种便利条件，为学生发展创设尽可能好的软硬件环境。国外民办高校在发展中主要通过不断地向社会输送高质量的毕业生，为当地经济和社会发展提供技术服务；通过提高教学质量、科研能力来巩固自己的竞争优势，建立自身发展的后劲，以此全面提升学校在社会上的学术地位和声誉。我国民办高校在经历初创阶段的跨越发展后，办学规模维持一定的水平是发展的客观要求。但是，不能为了求得"规模效益"，实现资本的更大寻利性，而无视客观现实的存在、超出自身办学能力，走盲目扩张的道路，以牺牲"质量"来换取规模的扩张。现阶段，民办高校必须将发展重点从规模和速度的外延发展方式，转移到以全面提高办学质量的内涵建设上来；通过加大资本投入，加强教学基础设施建设，全面提高教育教学质量，以内涵发展方式促进自身办学实力和市场竞争力的提升，实现民办高校的良性循环和可持续发展。

民办高校应创新应用型课程体系，创新人才培养模式，逐渐形成技能型、职业型等应用型及特色鲜明的专业课程体系，这是民办高校培养独具特色的实用型人才的基本工作。民办高校正处于发展的十字路口，面临着多重压力，如果不实行因材施教的培养模式，有可能会退出历史舞台。我国每年的大学毕业生层出不穷，数百万待就业人员涌入社会，残酷的竞争可想而知。如果只是传统的知识传授，民办高校的毕业生从知识储备、能力上很难与公办高校的毕业生竞争。所以民办高校在进行课程设计上必须大胆创新，以社会需求为主要目标，合理利用各种有效资源，构建应用型的核心课程体系。

在专业课程设置模式上，应该把专业课程与通识课程、科学教育与人文教育有机结合起来，走出传统的"学科型"专业和课程设置模式。改变课程指导思想、内容与形式等与注重实践技能培养不相适应的现象，增加实践、技能课程的比重，使课程设置更加贴近岗位需要，建立与社会人才需求结构相适应、知识与能力协调并重的课程设置模式。以课程体系和教学内容为自身改革的突破口，重点提高学生的职业能力与岗位技能；注重课程体系和教学内容与社会需求的紧密结合，使民办高校课程体系实现从传统的"学科型"向"应用型"与"职业技能型"转变。以人才市场的实际需求为导向，强化实用技能培养体系建设，克服知识本位和通识教育的束缚，以及重理论轻实践、理论脱离实际的偏向，适量减少基础理论课的比重，加大实践、技能课程的比例，重点培养学生解决实际问题的职业能力，从而提高学生的职业技能、专业素养和就业竞争力。

2. 合理有效的目标定位

对于一所高校，尤其是竞争力相对较弱的民办高校而言，正确估量自身、合理定位目标，扬长避短，突出本校的办学特色就显得尤为重要。各民办高校在科学分析社会发展需要、学校所处内外环境以及学生的实际需求的基础上，根据自身实际情况确定学校在整个高等教育体系中的位置，从而明确学校的发展方向与路径，合理选择适合学校发展的办学目标与办学特色，最终适应内外部环境的一系列活动过程是民办高校的目标，具体包括办学目标和方向的定位、办学类型和层次的定位、办学水平和特色的定位等方面的内容。对于一所民办高校而言，准确、清晰的目标定位不仅有利于找准自身的合理位置，制定能够发挥出自身体制优势的发展战略，从而全面培育自身核心竞争力，同时它还可以明确地向社会昭示：本校人才培养目标、类型是怎么样的，专业建设的方向和突出的重点是哪些方面，科学技术转化的重点是哪些方面，社会服务重点是哪些方面，今后朝着怎样的方向发展等，从而使民办高校能够更加广泛、深入地被大众所理解和接受，最终促进民办高校的可持续发展。

（1）发展战略的选择定位。民办高校发展战略不仅对民办高校整体规划、领导决策、规章制度的制定具有基本导向性功能，而且对学校的学科专业、课程结构、教学方法、培养模式以及评价机制等同样具有目标指向作用。因此，为了能够进一步对民办高校的发展战略进行科学定位，不但要关注不同类型、不同层次民办高校的自身发展状况，同时还不能忽视民办高校所在区域的总体发展水平。只有民办高校从实际出发，在办学目标、办学方向、办学水平、办学层次、办学类型、办学特色等方面找准了自己的定位，充分考虑区域性因素，本着"三符合二立足"的原则，即符合社会客观要求，符合学校自身条件的培养目标和规格要求，符合当地高等教育的布局和发展状况要求；立足于经济建设、立足于社会发展来确立自身的发展战略时，民办高校才能独树一帜、独具特色，才能在全面提升核心竞争力的同时凸显自己的办学特色。

因此，民办高校将人才的培养目标定位于需求大、多样化的高等职业技术教育，不仅是促进民办高校发展的现实选择，更是加快我国经济结构转型的客观需要。纵观世界各国经济和社会发展，当一个国家处在工业化快速发展和经济结构迅速转移阶段时，必须重视应用型人才的培养；一个健康可持续发展的社会，其就业人才结构中高级研究型人才、高级管理型人才、高素质应用型人才和高技能工人的比例呈金字塔型。社会需求量最大的是高素质的应用型人才和高技能工人，一个国家只有当技能型与应用型人才的基础打得足够扎实时，该国家的人才结构才能保持必要的稳定。此外，从长远而言，民办高校也有可能发展成为学术型、研究型的世界一流的高水平大学，但是这需要数十年甚至上百年的努力和发展，并非短期所能达到，即便是有，那也只是少数学校才能成功，并非大多数学校所能达到。

（2）加强学科、专业建设。学科、专业建设是教育的一项基础工程，学科是教学中按逻辑程序组织的具有一定知识和技能范围的单位，是民办高校的内涵和载体，专业的依托是"学科"，对专业的选择意味着对一门学科领域的选择。加强学科、专业建设，对提高教育水平具有深远的意义，但是学科、专业建设不是一朝一夕的事情，而是一个非常复杂的系统工程，必须有组织、有计划、有目的地进行研究，根据社会发展的需要以及学校的特色，加强学科、专业建设，才能为社会培养出高质量的专门人才。随着民办高校办学逐步从专科向本科教育发展，学科、专业建设的好坏将影响民办高校人才培养的质量，学科、专业建设将成为民办高校可持续发展的重要基础和获得竞争优势的根本因素。

民办高校应将加强自身学科、专业建设的任务提升到一个新的高度。近年来，随着我国经济发展水平的不断提升，地区发展的不平衡性也在日趋加深，致使各地区在人才需求的总量上、学科专业类别的结构上，表现出不一致性和差异性。因此，为了更好地适应本地区经济发展的需求，民办高校尤其要根据本地区的产业结构在专业设置和办学特色上做出适时的调整。换言之，民办高校的专业设置应着力于地区主导产业的发展，并且努力与该地区的产业结构相适应。只有这样，才能改变长期以来根据社会行业和职业岗位来划分和设置专业的弊端，才能使学生的知识面、自我学习能力、理论基础、发展后劲等方面出现的问题得到真正的改变。与此同时，民办高校的学科建设还要与学校的实际情况结合起来，灵活创新，根据自身的实际，走出有自己特色的学科建设之路。长期以来，经费、师资等资源一直都是制约民办高校发展的短板；盲目追求热门专业，一味求全、求大是民办高校发展的浮躁战略，影响了民办高校的可持续发展。因此，不管是从资源的角度还是从发展的角度而言，民办高校要结合自身实际，坚持"有所为，有所不为"的发展战略，集中力量打造优势学科和特色专业，有效促进相关特色专业之间的协调配合，包括人力、物力与财力资源的合理调配等。除此之外，民办高校也必须采用健全、成熟的专业特色成长机制来逐步弥补民办高校教育经费和教育资源的不足，唯有如此，各专业之间才会形成一种相互支持、相互依存的局面，各民办高校才会在不断整合、调整、改造与拓展过程中，形成与社会经济发展相适应的优势学科和专业结构。

3. 促进人才产出与市场机制的对接

坚持以人为本，树立全面、协调、可持续的发展观，促进经济、社会和人的全面发展，这是构建和谐社会的应有之义，体现在具体的民办高校教学工作中，"坚持以人为本"就是要"以生为本"，就是要将学生的发展需要作为实际的教育教学工作的出发点，就是要根据社会的发展现状，充分考虑学生各方面能力，尤其是就业能力的培养。之所以会特别强调学生就业能力的培养，一方面是因为作为建设祖国的中坚资源和宝贵财富，职业对于学生而言，不仅仅是服务社会的直接途径，也是他们展现个人价值的载体；另一方面是由于知识是学生就业的条件，能力是其谋生的手段，素质是其持续发展的资本，只有当高校培养出来的学生具备社会发展所需要的能力与素质时，学生才能真正地被社会所接纳，各高校的教育目的与存在价值才能真正得到体现。

在教育界大力倡导"以生为本"来发展教育的同时，部分民办高校无视自己师资水平低、办学条件差与办学经验缺乏的现实，热衷于照搬公办高校办学模式与人才培养模式来制订自身的发展规划，带来的严重后果不仅仅使学校本身"大专不专""高职不职"，而且使培养的毕业生既比不上普通高校培养的毕业生的综合素质与理论功底，又缺乏高级技能型人才的过硬技能。因此，全面提高民办高校教育教学质量，首先就必须坚持以市场为导向，按照自己的社会教育职能的分工与特定的办学定位，积极推进应用型人才的培养，走独具特色的办学之路，构建符合自己办学定位的人才培养模式，推动人才产出与市场机制的有效对接。当然，要想从根本上扭转民办高校发展所面临的这种困境，仅仅依靠民办高校个人的力量是远远不够的，它的解决更需要的是政府、民办学校以及学生三者的共同努力。

4.注重培育人才特色

人们习惯上把特色简单地理解为"人无我有、人有我优、人优我特"，这是从特色的外延而言的，就其内涵而言，"特色"是通过长期的实践探索，把有形的外在行为逐渐渗透内化并凝结为某一事物独具的一种相对稳定的内在特质和卓越品质，体现在学生身上就是形成一种独有的精神气质和特殊风格。目前，随着就业压力的加剧，学生及其家长的一个价值追求就是花钱接受学校的教育服务之后，能够顺利地实现就业及自我创业。在当前及今后的一段历史时期内，民办院校核心竞争力就是民办院校的就业力的。因此，作为技能型的民办高校建立的人才培养模式，必须具有自己独特办学风格。否则，所有民办高校都会形成"千人一面"的人才培养模式，就不可能产生竞争优势，更谈不上生存与发展。民办高校在建立人才模式上应该具有自己的特色，根据自己的独特办学风格和优势学科、专业，使培养的学生成为独特的高技能和高职业素质人才，从而有较高的就业率和就业质量，从人才特色上构筑民办高校的核心竞争力。

（三）营造和谐发展的制度环境

和谐发展与合理有效的政策环境是民办高校健康发展的前提条件，它决定着民办高校的办学前途和命运，是构成民办高校核心竞争力的重要因素之一。因此，民办高校核心竞争力的培育，虽然需要依靠自身能力和内在素质的提高，但外部环境作为民办高校生存和发展的前提性条件，也在一定程度上影响着民办高校核心竞争力的培育和形成。事物发展是其内因和外因共同作用的结果，民办高校在发展中离不开政府政策上的支持。一方面，我国民办高校现阶段面临的许多问题，都是自身无法解决的外部制约因素，而这些因素也多半是由于政府制度安排的缺失而形成的障碍；另一方面，纵观我国民办高等教育的发展历史，政策对民办高校的发展起着至关重要的作用，民办高校所经历的每一步无不是政策作用的结果。因此，政策不仅影响了我国民办高校数量上的发展和类型、层次上的变化，而且还进一步影响了民办高校办学模式、管理方式、课程教学等方面质量和水平的提高。

1. 构建对民办高校的财政资助制度

经费问题、质量问题、道德问题构成了当代世界高等教育的三大危机，三大危机是公立和民办高校普遍面临的共同危机，但经费危机在民办高校中表现得更为明显。我国大部分民办高校都是在没有国家资助的情况下，从"三无"基础上艰难起步、靠收取学费走"以学养学"的道路滚动发展起来的，这种靠收取学费走"以学养学"的道路，相对于高等教育所需的庞大投入而言，显然是无法推动民办高校的可持续发展的。当前普遍的经费危机是我国民办高校可持续发展中所面临的最大的障碍，也是制约民办高校核心竞争力形成的"瓶颈"。

尽管我国民办高等教育是由社会资本投资举办的，办学的风险是由举办者承担的，但是民办高校所培养人才的最终目的是服务社会，最大的受益者应该是国家和社会。因而，民办高校具有为社会服务的公共职能，它也是一种公共产品、一项为社会服务的公益性事业。此外，《中华人民共和国民办教育促进法》第三条也明确规定，"民办教育事业属于公益性事业，是社会主义教育事业的组成部分"。无论是根据民办高校的实际效用，还是根据国家教育法规的规定，国家和政府都有必要、也有责任对民办高校进行适当的财政性资助。就实际的效果而言，这种资助并不只是一种单纯经济上的支持，更重要的是表明了政府对民办高校的认可和真正发展民办教育的决心，是一种"心灵鸡汤"，是民办高校可持续发展的重要推力，国家对私立高等教育发展的财政资助更有助于推动和激励私人和社会团体的努力。

进一步完善和落实政府对民办高校的财政资助政策，已经成为当前民办高校提升核心竞争力的重要因素。因此，一方面，政府可以结合实际情况对民办高校的拨款额度和拨款方式加以选择和确定。根据我国目前的国情，政府对民办高校的经费支持和政策支持，可以从间接资助开始，采取减免税收、发放低息贷款和教学设施投入等政策，并且在经费有限的条件下，应该优先考虑那些发展态势好、教育质量高、社会声誉好的民办高校，从教改和科研上对他们进行重点扶持；通过"以点带面""扶优抚弱"，以增强民办高校之间的竞争性，从而更好地促使民办高校整体办学质量的提高。另一方面，政府也可以制定相关政策，大力鼓励民办高校发展校办产业，向民办高校购买教育服务，多方联系社会基金组织，合理发展股份制，争取银行对学校和学生的贷款资助，并不断完善各种捐赠政策等。政府只有这样不断地从全方位、多角度出台民办高校筹措经费政策和措施，才能切实保障民办高校健康有序地发展，形成可持续发展的核心竞争力。

2. 形成民办高校质量评估体系

教育评估是政府和社会保障民办高校的教育质量，进一步引导和规范民办高校发展的必要监管手段和措施，对民办高校的规范发展具有重要的作用，同时也是政府推动民办高校不断提高教学质量，自觉规范办学行为，不断提升自身内涵，形成竞争优势走向可持续发展之路的重要途径。目前，对民办高校的教育评估主要是参照公办高校的指标体系，或者是基于公办高校的教育评估体系，增加或减少有关指标，做一些简单的加减法技术处理后，形成了一个"非公非民"的教育评估体系。但事实上，民办高校举办的大部分都是高等教育中层次相对较低的职业教育（专科），民办高校有着自身的一些特色，不管是从教学内容、教学方法，还是从师资要求、教学设施等方面，与公办高校不能同日而语。因此，这种简单复制的评估模式并不能适应我国民办高校的办学现状和发展要求。在评价民办大学的教育质量时，也应当有一个客观的定位和标准，不能机械地以公办大学的学术水平、办学规模、师资力量、专业设置等标尺来进行衡量。从理论上而言，质量是相对的，动态发展的和多层面的，多种形式办学应该有多种规格，有不同的社会适应面和特色，从而有不同的衡量质量的标准。按照同一种模式同一个标准培养的人才，已经难以适应现代社会多样化的需求。高等教育的质量是一个多层面的概念，对学校、国家和地区的具体情况应予以应有的重视，以考虑多样性和避免用一种统一的尺度来衡量。

因此，为了确保民办高校教育质量的提高，应充分考虑民办高校的办学自主权，保持民办高校持久的竞争优势，政府有责任和义务建立起一套既参考公办高校的基本指标，又区别于公办高校而突出"民办特征"的独立评估体系，积极培育独特核心竞争力的健康发展之路。建立民办高等教育评估体系，第一，要坚持正确的指导思想及原则，应从我国当前的国情和民办高校自身发展水平出发，以《民办教育促进法》以及相关法令为指导，参照我国公办高校评估工作的基本规范，借鉴国外私立高校的评估经验，制定出民办高校评估体系中的各类基本指标体系，从而规范、督促和鼓励民办高校教育质量的提高。第二，实行分层评估，构建动态的多元化的指标体系。教育质量评估的目的是全面提高教育质量。从高等教育大众化的观点而言，高等教育的质量是多样化的，民办高校内部发展也较不平衡，质量上也存在着一定的差异。应以民办高校的实现目标为主，确立评估指标，针对不同层次类别的民办高校制定不同的评价指标和具体评价标准，只有这样才能真正起到评估的促进作用。

第四节　民办高校艺术设计类学科品牌发展

自高校扩招以来，设计学科突飞猛进，主要是受两方面的影响，一方面是数字技术和新媒介的进展；另一方面是社会转型带来了对创意产业的预期。于是，大量的生源涌入设计学的领域，带来了设计学科的改革与发展。近年来，无论生源还是学科整合已至巅峰状态，饱和之后，必是调整期的来临。调整需要做到两方面：一是由粗放发展进入到专业细分；二是就业需求进一步反馈教育策略，这是所有民办高校的设计学科共同面临的外部环境。

随着社会需求剧增，激烈的市场竞争决定了企业必须组建过硬的专业团队打造自身特色，从而导致就业市场中、上游设计人才的缺口亟须填补，作为强调应用、奉行实践教育的民办高校对此拥有先天优势。结合当前的外部环境，民办高校寻求特色发展的道路应该内外兼修——对内奠定基础，对外尽展特色。在实际管理中内外区分尤为重要，"内"是无法用统一标准进行横向比较的工作或成绩，"外"是能够用统一标准进行横向比较的工作或成绩。

通过纵向对比，民办高校在师资队伍的科研水平和国家的科研支持力度上目前还无法与公立院校媲美。通过培养学生的创意创新思维、重视实践和竞赛的参与度，进而逐渐提高学生动漫影视、平面创作作品的质量，强化学生申请专利、创造经济价值的能力，以提升办学知名度，将更利于发挥民办高校的资源优势。

一、鼓励学生积极主动参与竞赛，创建工作室

第一，针对学生自学能力偏弱，主动性差的特点，调整教学手段、精确课程体系衔接、优化班级人数使课堂时间的效率提高，同时建立教师、学生双向反馈通道，以便及时了解教学动态，有效地调整授课方式和课程大纲的内容。学生在理论和实践的学习中获得了更有针对性的知识，才会更有信心、兴趣面对学科竞赛和工作室的实践项目。学生从被动接受到主动参与，从单项比赛、个别工作室获得突破，来带动系内的总体学风。

第二，按照学科标准与专业课程体系，建立相关的设备齐全的专业工作室，是建设艺术设计学科的必要条件。

第三，通过社会友好人士赞助、系部资金支持等途径，设立艺术设计学科系级奖学金，作为国家级、学院级奖学金体系的有益补充，鼓励学生们去主动学习、积极做事和培养、锻炼学生们的创新意识。

第四，民办高校相应的促教促学激励机制。鼓励师生积极参与社会各类赛事，为学院争取荣誉。以广州白云学院为例，该学院每学年会编制《获奖奖励资金预算》，详细制定各级别赛事、各等级奖项中获奖学生、指导教师的奖励金额；学院科研部每学年编制《科研奖励资金预算》，对教师（学生）出版的专著、教材、核心索引论文及三类专利技术进行奖励。

二、构建优秀师生团队，指导学生完成课题

以民办高校"创新创业工坊"为基础，创新创业项目、学院任务、社会订单和学科竞赛为目标，通过聘请资深的一线设计从业者监控指导，依靠专职教师为纽带，学生为主体的组合模式，创建项目攻坚团队，使学生、教师、系部在实践中积累经验，获得成果，赢得声誉，达到多方共同受益的目的。团队项目中好的案例，同样可以用于专业类的活动，形成学生作品展，在积累一定的举办经验和质量后，就可以邀请媒体参与，进一步举办专业竞赛。艺术系学生在参与团队项目中获得的经验，应经过课堂中系统的学习才能形成流畅的知识体系，构建优秀师生团队的目标是通过实践和学习培养项目团队的管理者，真正实现与社会实践接轨的特色应用教育。

三、注重文化底蕴的积累与宣传

作为新时代民办高校，其文化底蕴和影响力，需要不断积累和宣传展示。"应以现有人才力量为主体结合社会资源产出大、中、小等多种影响力

的师生成果，通过各种途径展示成果，积累艺术设计学科在社会上的知名度、认可度"[1]。民办高校可以在教学楼设立专门的学生作品展览区，采用平面、多媒体相结合的形式，公开展示历年师生参赛获奖证书和被社会实际采用的作品，对外宣传其专业特色和影响。加强对外合作、联系，整合社会资源，扩大社会影响。

四、加强双师型人才引进，培养学生实践能力

在师资人才方面，新时代民办高校应注重双师型人才和有实践经历的专业资格人才的破格聘用，为学生各类实践活动和团体补充前沿专业思路、让学生领会如何在创作中迎合市场和客户的需求。深化校企合作内容，保证教师定期参与企业一线设计工作，教学过程中尽量紧跟企业步调。

总体而言，目前设计学科处于转型的摸索之中，民办高校发展中会遇到拓宽发展途径等问题，在秉承内外兼修原则的同时，更应该着眼于结合自身条件抢先占据社会的可利用资源，尽快转化为自身特色。在特色发展过程中，应根据学生特点发挥学生主动性，创建工作室，提高社会知名度，从而迅速地实现品牌化。

---

[1] 张程.从发挥学生主动性和参与性角度看民办高校艺术设计学科品牌发展[J]. 佳木斯教育学院学报，2013（7）：185

第三章　民办高校品牌建设中的人才培养体系

第一节　民办高校人才培养课程的体系建设

一、民办高校人才培养课程的相关理论

（一）高校人才培养课程重构方向

"伴随着我国高等教育步入大众化发展阶段，高等教育获得迅速的发展，民办高校作为高等教育的重要组成部分，也不断地发展壮大。"[①]当前，哪些知识最有价值、应该教给学生怎样的知识，这是高等教育改革永恒的话题，也引导着课程理论研究与实践的发展。由于不同的知识价值观，对于前述问题的不同回答形成了不同的课程观论。从历史的纬度分析，这些知识价值观有基于社会职业与经济、科学技术、人文主义以及文化主义等，于是就形成了课程的社会本位价值论、科学主义论、人文（人本）主义价值论以及文化主义价值论等。但是，各种课程价值论在不同的历史阶段交替或者同时成为课程理论的主流，在很大程度上取决于历史与社会现实所赋予的价值追求。

我国高校课程价值取向的变化与社会经济形势的变化具有密切的相关性，经历了一个曲折发展的历程：第一阶段是对民办高校课程政治价值的赋予；第二阶段是对高校课程经济价值的认可与追求；第三阶段是对高校课程文化价值的思考与关注；第四阶段是对高校课程人性价值的呼吁和倡导。除非常时期之外，总体而言，我国高校课程价值取向基本上是与经济、文化等实际情况大致相适应的。

当历史进入 21 世纪的时候，我国高等教育本身也进入了一个新的发展阶段，那就是大众化时代。精英时代的高等教育，不存在因学生就业产生对高等教育发展的外在压力，学校对专业和课程的设计没有外力的驱动。

[①] 陈书燕.资源共享下民办高校人才培养路径研究[J]. 合作经济与科技，2020（6）：168.

而大众化教育时代的到来，已经在人才的培养目标、教育质量标准、教育价值取向等方面发生了重要的变革。因此，课程体系也要随之进行重构。

第一，课程价值目标既要适应功利主义与实用主义的价值追求，符合市场导向，同时也要保持高等教育的人文主义功能，做到科技实利主义与人文精神共存。

第二，课程体系要适应高等教育大众化过程中多样化的特征，课程内容、结构多样化，适应多种需求，在结构上具有弹性，内容上具有包容性，不能一概排斥功利性的课程内容，也不能一概守护大学传统主义，要求课程体系走向开放。

第三，课程体系中要融入文化性的内容，这种文化性的内容实则与通识性的内容在某种意义上是一致的。高等教育大众化须提升到文化的层面上来，最终才能避免将大众化简单地视为功利主义和实用主义的历史重现。

（二）民办高校人才培养大众化任务

民办高等教育在我国高等教育大众化进程中扮演着重要角色，是促进高等教育走向竞争与繁荣的主力。从民办高校目前所担任的角色而言，主要的是承担高等教育大众化的职能。因此，民办高校的课程体系必须适应其承载高等教育大众化的培养任务。

第一，民办高校课程体系的价值取向趋于功利主义与实用主义。市场是趋利的，这是市场价值的一个基本点，课程价值主要是适应实利主义的价值追求。民办高校为了生存发展，从课程专业的设置、收费制度的选择到内部管理改革的效率目标等，都受自我生存发展的外驱力推动。从课程体系的目标追求分析，就是用实用的知识去培养实用的人才。当前劳动力市场的需求具有明显的实用主义倾向，因此，目前民办高校专业体系下的课程结构必定会包含着实用、实惠的内容，学生毕业后就业率高。

第二，课程体系需要符合大学的精神，注重人文和通识教育。大众化背景下的课程体系需要只以精英主义为主，实利主义的价值观在一定的时期内可以促进大众化进程，民办高校课程体系做出这种调适是必要的——满足学生与家长的职业追求需要以及适应现代社会经济转型的需要。但是，民办高等学校的这种调适具有阶段性，长期实施这种实利性的课程体系，将丧失大学的基本精神，不利于人的全面发展，因此，从长远来定位，课程的价值仍必须回归到人本的位置上来。

第三，课程体系建设必须适应生源的基本特征。相对而言，民办高校的生源文化素质有待提高，传统的过于强调学科知识与学术性的课程体系必然会超过学生的学习能力或者学习负荷，学生难以接受，因此学校不仅需要转换教学模式，而且还需要转换内容与知识体系，最后落实到课程的层面上来。

总而言之，民办高等学校课程体系，必须以各种课程理论作为理论基础。在宏观层面上，民办高校要适应国家与社会对于人的培养目标的追求，探悉其中所蕴含的价值，确定与人才培养目标相适应的课程价值追求以及相应的课程体系。注重人发展的本身的价值追求，所构建的知识与课程体系必须与此相适应。此外，民办高校有着自身发展的特征，实际上，由于体制、文化等方面的差异以及自身的定位等内外部因素的影响，民办高校与公办高校存在着培养目标的差异，实现培养目标的课程体系与公办高校也应有所不同。因此，民办高校自身的课程体系建设必然要寻找自己的出路。

二、民办高校人才培养课程的组织构建

（一）民办高校人才培养课程的设置原则

教育是为了培养社会所需要的人才，满足社会的需要，但是教育也要适应人本的需求，满足人的全面发展的需要，这一方面在民办高校课程建设中尤其值得注意。课程体系内容要考虑到知识的内在联系与社会、市场以及个人的需求，目标应该体现多样化的特征，人文课程、学术性课程、职业类课程、技术技能性课程、实践性课程等都应该有合理的比例，内容上要考虑学生的实际接受能力与教育目标要求之间的平衡关系。一个课程体系的设置实际上具体回答了"培养怎样的人"的问题，随着社会发展、人才需求的变化和教育理念的更新，民办高校课程体系的调整既是一个迫切的课题，也是一个永恒的课题。

民办高等教育要保持健康持续的发展，对人才培养目标进行科学定位是一个首要问题。我国民办高等教育发展过程中趋于实利性的现实，决定了大多以培养适应社会多元化、多层次就业的实用型人才为主要目标。为了满足应用型人才与高级研究人才之间正常比例，民办高校走应用型培养模式，总而言之，为国家培养一大批在生产、服务、管理第一线的高级应用型人才是时代的需求，也是民办高校自身生存发展和走向强大的正确选择。

随着时间的推移，部分民办高校的办学实力可能会得到增强，有的民

办高校可能会走向教学研究型大学甚至研究型大学的道路，但总体而言，民办高校仍须根据自身的实际来正确定位。需要注意的是，外部强大的实用性渗透必须有内在的高校自主发展理念下的人本文化去平衡，在课程建设中要融入科学客观的教育理念，注重人的价值与精神素质的培养，这是民办高校在课程体系改革中必须明确和坚持的重要思想。

另外，民办高校的教学方式受制于生源质量相对较差的状况，其课程体系需要适应学生的学习方式，教师的授课方式、指导形式也要适应学生的学习规律。在课程的教学过程中，实施的要求与条件要考虑到民办高校的特色，不仅应提出教学所必须做到的要求，还要考虑该课程设置在实施中其教学管理、教学设备（施）、组织实施等方面的可行性因素。由此可见，民办高校课程体系构建主要有两条原则：

第一，规范性原则。所谓规范性，即统一性。就是遵循国家对相关专业所提出的关于业务培养目标、业务培养要求、主干学科、主要课程、主要实践环节、修业年限、授予学位等方面的原则要求。民办高校其课程体系的构建必须符合国家的统一标准，遵循高等教育质量统一性原则。

第二，特色性原则。课程体系构建的特色性原则既是高等教育质量多样化的体现，也是各类高校的生命力所介。民办高校课程体系之构建即是在"规范性原则"基础上构建适应自身要求的特色，反映其应用型教育的教学体系特征。

（二）民办高校人才培养课程的主要内容

课程内容是知识学习与能力培养的载体，应能体现时代发展的要求。民办高校应该将课程体系与特定人才的培养以及就业需求密切结合起来，形成市场导向、培养规律和用人单位导向一体的教育思想，以适应我国中低专业技术岗位的人力资源需求。民办高校课程的应用性、实用性和功利性是市场的需要，是民办高校参与竞争的必然武器。同时，通识性教育、人文教育是民办高等教育不可或缺的重要部分，民办高校要充分考虑加强文、史、哲类课程建设，加强数学、物理学、化学等学科性课程的建设。没有这些基础性课程的建设，不仅实用性课程的水平难以提高，人的品性培养也会失衡。民办高校人才培养课程主要包括以下内容：

1.注重专业基础课建设

在专业类课程的设置上，要注重专业基础课的建设。专业课程是更具有直接性、职业性、功利性的课程。民办高校课程体系中的专业课程是培养学生合理的专业知识结构，培养实用型专业人才，体现实用主义的价值。但是，目前民办高校的专业课程设置过于注重实用课程，导致实用课程在专业课中的比例过大。例如，在国际贸易专业中，贸易实务、商贸谈判技巧、进出口业务之类的课程多，而像作为贸易专业基础理论的区域经济理论、区域贸易理论则很少。另外，从民办高校当前实际而言，专业课程更多地受到传统学科知识体系的影响，沿用公办大学课程体系的模式，注重知识的文本性，忽略知识作为一个过程的概念，忽视实践性专业课程建设，专业知识成为单薄的、平面的知识，缺乏立体感。

课程连续统一体是一个具有启迪性的概念，是由不同课程模式依据其内在的逻辑关联和层次递进关系所形成的链式结构的课程体系。民办高校的课程体系必须走出那种断裂的、缺乏紧密逻辑与关联的以及静态的构建框架，变传统的职业性的专业教育为基础性的专业素质教育，从而从根本上支持宽口径要求，真正实现实用的专业人才培养目标。

2. 加强通识课程的建设

注重人的全面发展，加强通识课程的建设和教学。教育通识课程是当前民办高校需要着重建设的一个课程板块。学术性课程、人文课程、方法类课程以及外语、计算机课程等是实施通识教育的显性课程，同时我们必须高度重视通识教育中的隐性课程建设，如关于校园文化建设、师生关系、校风学风等方面的教育也可以纳入课程建设的高度上来（人们称之为通识课程中的隐性课程）。通识教育隐性课程门类众多，其中部分课程的通识教育作用明显大于其他课程，可以称这类课程为通识教育主导隐性课程，它主要包括高校的各种讲座、课外阅读、社活动和社会实践等。因此，应通过通识性课程体系的建设，提升民办高校的通识性、人文性教育，真正培养文化素养高、个性张扬的合格公民。

3. 强化特色课程的建设

特色课程的建设主要是一些校本课程及地方性课程，是根据民办高校自身的专业课程特色而设置的。如浙江树人大学的"茶文化应用"课程、"家庭教育文化"课程等。同时，特色课程还必须瞄准地方经济与文化，开设职业性、技术性、技能性的文化课程，不仅起到对专业教育的补充作用，也可以很好地起到通识教育的作用，是专业教育、通识教育一个良好的结合点。

（三）民办高校人才培养课程的改革途径

1. 价值取向目标多元化

在与高等教育的竞争中，民办高校需要适应市场竞争、适应大众化的发展要求，民办高校调整培养目标，要走多样化、多元化的发展道路，最终落实到课程体系价值取向的多元化。民办高等学校的课程体系建设要充分利用市场机制、内部灵活弹性机制进行改革课程，来适应学校的人才培养目标。同时，课程体系的建设须兼顾学生的就业问题，课程体系必须包含一些职业性课程，满足学生为职业生涯做准备的要求。另外，民办高校课程体系还要接受社会、市场等维度的影响，同时保持民办高校遵循教育规律的一面，适应人性发展的需求，建设人文课程。

2. 通专课程相互结合

课程建设必须是通专（通识教育与专业教育）课程兼具，这实际上是所有大学的共识。但是，民办高校应该顺应现成的专业教育现状，必须在专业教育巩固的同时，加强通识教育课程的建设。另外，课程体系建设过程中加强地方性、校本课程以及特色课程的开发，这是民办高校发挥特色的一条重要途径。

3. 网络课程资源补充

由于民办高校的课程资源受到现成师资力量较少的制约，导致课程体系的类型结构、层次结构不合理。现代教育技术的充分发展为我们弥补这方面的缺陷提供了一个很好的途径，特别是网络技术的发展与运用，使我们可以引进优质网络课程资源来补充课程数量、优化课程体系的结构。网络课程具有使用方便、成本低廉以及共享等诸多优势，它是民办高校扩充课程资源、平衡课程体系结构的重要方式。

4. 学术与隐性课程建设加强

大多民办高校定位于教学型大学，以传授知识、培养能力为主，在学术研究方面很薄弱。从大学的教学、科研与社会服务的三大基本职能上而言，缺乏科研的大学是不深入的，这种状况也可以从课程体系上反映出来——学科知识课程少，学术课程少。科研与教学之间存在本与源的辩证关系，但是重视科研，创造学术氛围，树立大学批判精神在课程改革层面上要求加强学术性课程的建设，如数学、物理学、经济学、生物学等，这些课程需要大量人力物力的投入，但是这不能成为民办高校回避这些课程的理由，民办高校中的职业性、技能性、实用性课程必须有这些学术性课程来支撑。同时，民办高校须加强隐性课程的建设，来补充显性课程的不足，将学生培养成既具有思想文化性又具有较高素质能力的实用型人才。

第二节　民办高校人才培养的教学管理模式

民办高校人才培养的教学主要是以学分制管理模式为主进行，下面以学分制为例，阐述民办高校人才培养的教学管理模式。

一、民办高校人才培养的学分制教学管理模式

（一）学分制教学管理模式的特性

"学分制是一种以学分为计量单位衡量学生学业完成状况的教学管理制度，同时也是教学计划制订和教师教学工作量安排的依据。"[①]学分制是由选科制发展而来的。与传统的学年制相比，学分制有以下特性：

第一，学习时限的灵活性。学分制参考学历教育所要求的年限，但不受年限的严格限制，学生可以提前修满学分提前毕业，也可滞后一定时间毕业。从教育经济学的角度，有效地、因人而异地分配受教育时间，能降低产品的成本，提高教育的效率，这对个人和社会都是有利的。

第二，学习内容的选择性。学分制在一定程度上允许学生选择自己认为必要而且感兴趣的课程和专业，这是它的精髓。没有选修权的"学分制"不能认为是学分制。

第三，课程考查的变通性。对于学生修读的课程，如果考试不及格，均可重修或另选另考，直到及格取得等值学分为止，这种允许受教育者在一定限度内根据自身的发展进行自我调整的做法，既体现了对学分的重视，又有利于学生形成适应社会需要的才能。

第四，培养过程的指导性。学分制为学生独立自由地安排学习、充分发挥学生的特长及主动性和创造性，创造了必要的条件，但由于学生特别是低年级学生对独立设计符合社会要求的自我目标、模式比较模糊，对实现目标的学习方案也难以进行优化选择。所以，配合学分制要设立指导导师，对学生进行指导，帮助学生正确处理学习过程中产生的问题。最早实

[①] 熊斌.民办高校的改革与发展模式研究[M]．长春：吉林文史出版社，2019：36.

行学分制的哈佛大学就先后经历了自由选修、限制选修和"全面发展的要素结构制"等阶段。"专业领域"要求学习的课程、学习期限及每学期应修读的课程门数均有比较严格的规定，一般通过学生必须完成规定的最低学分体现出来。

（二）学分制教学管理模式的优势

学分制顺应了社会发展和科技发展对人才培养的要求，正视了培养对象的差异性，相比于学年制具有更大的灵活性。实施学分制有以下方面的优点：

第一，有利于优化知识结构。学分制以开设大量选修课为前提，学生可以根据社会就业和个人发展需要进行专业学习，构建自己的知识体系，组成最优化的知识结构。

第二，有利于因材施教，充分发展学生的个性，培养各种类型的专门人才。实施学分制后，学生的主体能动性得到充分发挥，学有余力的学生可以多选修一些课程，以便突出自己的专长，深化和提升学习层次；基础欠佳的学生可从实际出发，量力而行，制订适合自己的学业计划，明确努力的方向。

第三，有利于教学质量的提高。学分制通过选课制、选教制的实施，把竞争机制引入到教学中来，形成优胜劣汰的竞争机制。一方面，可以激发教师不断地更新教学内容，改进教学方法，把自身的知识水平、教学水平和学术水平最大限度地发挥出来；另一方面，可以通过选修课开设多少与经费挂钩等方式，激发二级院（系）的办学热情，提高办学效益。

（三）民办高校实施学分制教学管理模式的意义

第一，学分制是高等教育体现以学生为本、为学生提供个性化教育服务的制度保证。高等教育的大众化，教育目标的一致性和多样性的矛盾尤为突出。就个体发展角度而言，学生身心特点的差异性决定了教育目标必须具备多样性的特点，培养学生以求异思维为核心的创造能力已经成为高等教育活动的重要目标；从人才培养的质量标准角度，传统的观点认为必须按照一个统一的人才规格去考查评估教育质量，而现代教育观点则认为高校是否为学生提供个性化和多规格的教育服务是衡量高校教育质量的重要指标。学分制为实现教育规格和教育过程个性化提供了制度保证。学分制条件下的自主选课、丰富的课程资源和弹性学制等体制性的特点，较之学年制更能满足学生自主发展的需要，也更有利于学生按照自己的兴趣和爱好发展各种创新能力。

第二，学分制有助于学生综合素质的提高和创造能力的发展。利用学分制这一制度平台，学校可以根据社会发展及时调整培养目标和培养规格，并通过修订培养计划反映到教学过程中，通过制订更加灵活的人才培养计划，构建超越专业和学科的课程体系，使学生可以按照自己的学习与发展愿望灵活选择专业、课程和教师，自主设计学习和发展计划。学分制还为学生更多地参与第二课堂活动提供了条件，在各类科技发明、创新竞赛等活动中取得优异成绩学分的学生可以获得创新学分，以调动学生参与创新活动的积极性，促进学生的综合素质全面发展。

第三，学分制是优化教育资源的重要途径。首先，学分制为课程整合与优化提供了制度环境。现代高等教育已经把"厚基础、宽口径"作为课程体系设置的基本原则，学分制正是这种课程设计思想的具体途径。学分制改革要求适当缩短必修课学时，增加选修课所占比例，允许学生根据个人需要灵活组织适应于自身学习需要的课程体系。其次，学分制有助于优化教师资源。学分制下学生可以在教学资源许可的条件下自主选择专业和课程，因而也就可以自己选择教师。当教师面临学生的直接选择时，教师间的竞争机制便得以形成，教师必须不断提高自己的教学质量，增强自己的竞争力，才能获得学生的青睐，这种多劳多得的管理机制将最大限度地挖掘优秀的师资潜能，淘汰劣质的师资，在满足学生多样化需求的同时也实现了教师队伍的不断优化。

二、民办高校人才培养的学分制教学管理模式改革

（一）转变教育的思想与观念

转变教育思想和观念是民办高校实施学分制的先导。观念更新是教育创新的先导。从根本上而言，学分制改革力图打破传统的刚性教学计划和统一培养规格为基本特征的学年制，转向实行以选课制和弹性学制为核心的学分制。这不仅仅是一次教学组织与管理制度的变革，也是一次深刻的教育思想观念的变革。

学分制的实行需要一个开放的教育理念，需要给学生一个自由学习的空间。然而，由于制度上的安排、生源市场竞争以及民办高校社会声誉的追求，民办高校要求学生抓紧时间学习，甚至强制性地要求学生学习，国

内部分民办学校也存在着封闭式的管理状况，这种管理理念有悖于开放教育理念，也有悖于学分制的核心理念。因此，一是要转变办学思想，确定以培养学生素质为目标的观念树立学生的主体地位，坚持知识、能力与素质协调发展来培养人才；二是要与时俱进，不断创新，转变服务意识，保障学生的自由选择；三是要做到管理创新，加强教学管理和研究，建立"导师制"，为学生当好参谋，指导学生选修课程，关心学生成长，促进学生的个性发展。

总而言之，推行学分制就必须尊重学生的主体性，尊重学生的学习自由，即学生选择学习哪些内容和如何学习的自由，这是把学术自由的原则贯彻到大学的学术群体最底层的表现，只有在充分尊重学生学习自由的基础上，才有可能实现师生作为教学活动主体的平等交流与沟通。

（二）准确定位人才培养目标

准确定位人才培养目标是实施学分制改革的基本前提。培养目标的定位是一个核心问题，对于实施学分制而言则是一个基本前提。现代人才培养理念下的目标选择要求民办高校面对市场必须做出明确的答复。民办高校是我国市场经济条件下逐渐发展壮大的，市场经济给民办高校提供了广阔的发展空间，面向市场培养人才在发展初期成为其突出的优势，即便在今天高等教育市场相对成熟的情况下，这仍不乏是民办高校发展的一大优势。民办高校必须适应现代教育理念与社会经济的需求，贴近市场、面向市场培养人才。

当前的大众化高等教育既是社会经济水平所催生的必然结果，也是高等教育内在的必然逻辑。高等教育的大众化已经使得大学教育质量、人才培养目标与规格走出了传统的精英教育模式，大学培养社会生产、工程、管理与服务一线的应用型人才已经成为高等教育大众化的一个重要内容。

总而言之，从目前的整体现状，市场以及高等教育大众化选择将民办高校的人才培养定位在培养"高级应用型人才"上。显然，学分制作为一个制度，必须为这一个目标服务。民办高校实施学分制过程中，需要以这一高级应用型人才培养目标为基本前提，设计教学目标，坚持知识、能力与素质的协调发展，建设更多的供学生自由选择的教学资源，提供更为自由的学生学习方式与学习时间，构建提高学生创新能力的新型教学质量评价体系。

（三）制定科学合理的课程结构

适应学分制改革，制定科学合理的课程结构体系。在学分制建设过程中，课程体系的建设非常重要，民办高校必须构建与人才培养定位相适应的课程体系，调整与优化人才培养计划，同时根据内部的专业定位，在通识教育、专业化、职业化等方面做出选择，构建知识、能力与素质协调发展的人才，在知识结构方面体现复合型，使学生拥有较宽广的科学文化知识和扎实的学科专业基础知识；在能力结构方面体现应用性，重视学生动手能力和创新能力；在素质方面体现全面性，使学生拥有良好的思想道德素质、文化素质和身心素质。

学分制的核心是实行选课制，尽可能多地开设选修课程是推行学分制的有力保证。民办高校可以通过"校级公共必修课""校级公共选修课""学科基础平台"与"专业基础平台"来构筑宽口径的知识平台，以增强大学生宽广的适应能力，这一方面与公办高校比较相近，但是，民办高校由于教师资源与课程资源相对不足，可以在高年级中开设针对性强的专业方向模块课程，尽量给学生提供自主选择课程的机会，使学生拥有专业方向模块选择和专业课选修的机会，为学生的发展提供更个性化的服务。同时，可以尽可能多地开设校级公共选修课，也可将部分公共必修课纳入选修课的管理模式中，扩大选修课的比例，提高选修课的质量。

在改革过程中，必须明晰各专业教学环节知识、能力与素质的基本要求，并以突出提高大学生的学习能力、实践能力培养为主要目标，加强公共基础课平台、学科基础平台中核心课程的建设，并且要注意各专业方向模块课程的结构关系，使得分流与选择专业方向后学生的知识学习，仍具有紧密的连贯性与逻辑性，克服学分制可能带来的知识学习松散性等问题，构建起符合民办高校高级应用型人才培养目标与培养规格的"平台+模块"课程结构体系。

（四）完善教学管理运行机制

第一，开设数量足够和高质量的选修课，以供学生选修。学分制的优点和特点主要通过选修课的重要地位和作用体现出来，因此，只有提供充分的选择空间才能够提高选择的效率。根据民办高校中相对紧张的课程资源的现实，一方面，管理者必须优化管理机制，鼓励教师多开课、开好课，增加选修课资源，并切实提高资源的利用率；另一方面，可以从教育产品公司、其他高校选择引进高质量的网络（远程）课程资源，增加课程的类型与课程数量，解决民办高校实施学分制过程中课程资源相对不足的情况。

第二，逐步完善动态管理机制，增加学生学习的选择性。学分制学籍管理是学分制管理体制的核心和出发点，民办高校要本着"管而不呆、活而不乱"的原则，发挥学生个性特长，鼓励超越，鼓励出类拔萃的学生脱颖而出，更好、更快地成才，为创特色重新梳理和修订学籍管理规定。

第三，努力造就一支素质较高的师资队伍。民办高等学校专职教师较少，存在一定比例的外聘教师，因此，课程资源不足且不稳定。人事制度的改革必须与学分制教学管理制度的改革相配套，通过改革分配制度，以激励为主，发挥教师的工作热情，鼓励教师多开课，开好课，以建立一支适应学分制教学的师资队伍。另外，对于那些教学经验丰富，教学效果好的教师应给予奖励，如设立主讲教师，把教学效果与教师岗位联系起来等。同时，发挥兼职教师的积极性开课，引入竞争机制，吸引外校教师到学校来开课，带来课程资源的共享，形成民办高等学校特色的专、兼、外聘等多种性质的教师队伍。

第四，建立适应学分制管理的教学管理机制。实施学分制，必然会打破原来学年制下的整齐划一，增加教学管理人员的工作量，所以，如何改善教学管理体制，构建新的管理模式也就成为完善学分制很重要的一环。

总而言之，学分制的改革是一项系统工程，民办高校必须根据自身已有的管理模式做出调整，以教学管理制度为核心，发挥民办高校在各项管理过程中市场调节与竞争机制的有效作用，适应学分制改革的需要，确立多样化的制度保障，并形成运行机制，实现学分制模式的有效运行。

三、民办高校人才培养的学分制教学管理模式选择

（一）高校现行学分制的主要类型

现阶段我国普通高校推行的学分制，是伴随我国市场经济体制的建立而建立的，由于校与校之间的差异，目前出现了以下形式：

第一，完全学分制。完全学分制，是完全以学分为单位衡量学生的学习量，不管学习时间的长短，只要修够规定的学分数即可毕业，其最大特点是突破学年限制，可断断续续修读一个专业，也可同时修读两个专业。

第二，计划学分制。计划学分制特点是实行必修课保底，选修课不封顶，必修课包括公共基础课、专业基础课、学科交叉部分课程。选修课类

型较多，既有纵向深化专业知识、具有研究性的课程，也有横向扩大知识领域的课程，同时还设有文、理、工、管相互渗透的课程。

第三，学年学分制。把学年制与学分制的某些管理办法结合在一起，学年与学期对学生应修学分都有具体要求，教学计划的弹性略小于计划学分制，一般不允许提前修满学分者提前毕业，注重并立足于班集体教学。选修课门数不多，学生选课的自由度较小。

第四，全面加权学分制。全面即对学生德、智、体诸方面的要求都用"学分"量化，课程学分则根据课内外学习应付出的劳动量得出；加权即把计划中的学分，根据课程类别、性质、地位、难度等差异分别确定权重或加权系数，计划学分乘以加权系数即得实际学分，计划学分用于学籍管理，加权学分用于衡量学生学习质量的优劣，作为评奖、评优的依据。

第五，复合型学分制。复合型学分制是按教学阶段或课程类别分别采用学年制和学分制的某些管理办法，主要有两种形式：一、二年级实行学年制，三、四年级实行学分制；必修课实行学年制，选修课实行学分制。复合型学分制主要特征为：在教学计划中，学年、学期界限分明的计划性和高年级课程选修的灵活性相统一；在学籍管理上引入竞争淘汰机制，以学分绩点制限定各类证书的颁发，以制约满足于及格毕业的学习心态，激励主动进取创新精神。这种类型主要在少数工科或医科院校采用。

第六，特区开放型学分制。特区开放型学分制特点是与计划学分制相比，学生课程修习的自由度更大，专业的选择与转移更为机动，管理上更为灵活。从特区经济特点出发培养人才，以适应经济特区对各种类型人才的需求。

（二）民办高校学分制管理模式的选择依据

民办高校学分制管理模式的选择，应依据学校能够满足个性化的条件积累，目前以学年学分制模式为宜，并应追求教学条件约束下的学分制最优结构。以下做法可以在一定程度上优化民办高校的学分制教学管理模式。

1. 提供学生选择的机会

（1）通过推行"主辅修制"来扩充学生的选择空间，可在现有科类及课程的条件下通过推行"主辅修制"来扩充学生的选择空间。在提高主修专业教学质量的基础上，大量开设辅修专业，扩大学生的选择空间，以满足学生选择课程和选择专业的需要。让部分学有余力的学生通过辅修的方式获取"一主一辅"两个证书甚至两个学位,从而为社会培养复合型人才,以提高学生就业的竞争力。

(2)有条件地转专业来弥补学生第二次选择专业的需求。可以通过学生自由报名和考核选拔,在学校允许的条件下转专业,既可以照顾部分学生的学习兴趣,又能解决部分学生在专业学习中存在的困难。

(3)通过开发网络课程缓解资源不足的压力。一方面,网络课程可以增加课程资源,另一方面,还可以缓解教室资源和时间段不足的矛盾。开发网络课程进行网络教学,可以是实时教学,即教师、学生在同一时间进行教学活动;也可以是非实时教学,即教师预先将教学内容及要求存放在服务器中,学生根据自己的时间安排,在网上下载学习内容进行学习。利用网络教学,教师上网辅导的时间以及学生上网学习的人数不受限制,可以解决因学生选择某些热门课程或优秀教师而造成教室容量不足的问题。同时利用网络教学,对教室以及实验室资源的依赖不像传统的课堂教学那样突出,可以有效地缓解教室及实验室等资源紧张的局面。

(4)通过民办高校市场机制的优势扩大学生选择教师的范围。学分制改革是建立在选课制的基础之上的,因此学分制改革要落到实处,先要保证能开出足够数量的选修课。目前影响民办高校选修课开设的"瓶颈"之一就是师资问题。因此,民办高校要将学分制改革真正推向深入,必须先加强师资队伍建设,采取专聘结合的方式挖掘师资资源,进一步引入竞争机制,以适应"生选师"的需要。要不断强化专兼职教师的综合素质,建设一支高素质的教师队伍。学分制向教师提出了更高的要求,教师不仅应具有厚实的专业知识、广博的文化素养和较高的学术水平,还能在交叉、边缘、新兴学科的科研中有所建树,能开出高水平的选修课,此外,教师必须具备较高的职业道德水准,以学生为本,对学校负责、对社会负责,教书育人。

2. 营造良好的内部环境

(1)通过实行适当的警示机制,以避免学生盲目选择。从学生的个人发展考虑,学分制为不同基础、不同层次的学生提供了更加宽松的环境,却出现了少数学生盲目选择或放任自流的情况。

(2)通过调整管理方式来加强学生管理。学分制比较重视学生取得的学分和毕业资格,却由于自由选课淡化了学年制的班级管理,放松了对学生的过程管理。因此,在重视目标管理的同时,还不能完全放松对学生的过程管理。

(3)加强"宿区"文化建设。随着高校以选课制为核心内容的学分制、主辅修制等弹性学制的推行和后勤社会化的逐步实现，高校传统的班级建制受到了前所未有的挑战。适时调整，重新定位，赋予高校学生宿舍这一特定的育人区域即"宿区"以更深的内涵，重视并积极发挥"宿区"功能，着力加强以文化为核心内容的高校"宿区"建设，对于高校积极落实育人任务具有十分重要的意义。"宿区"文化作为校园文化的亚文化，是一种特定的区域文化，是大学生"宿区"内以价值为核心、并以承载这一价值体系的活动形式和物质形态表现出来的一种精神氛围，是长期形成的有特色的"宿区"精神、文化活动与文化环境的总和。

丰富多彩的"宿区"文化对于大学生改善知识结构、开发潜能和陶冶情操具有重要的作用，对于加速大学生在生活目标、价值取向、职业角色和人格塑造等方面的社会化具有重要作用。

3.采取科学的管理措施

（1）通过成立选课指导小组和制定"学习计划套餐"来弥补导师制的不足。随着学分制的实施，学校必须加强对学生学习的指导、顾问与督促作用，建立必要的导师制，对学生的课程与专业选择、学习方法的培养以及实践能力的锻炼等做出指导。针对民办高校师资相对不足的情况，可以根据学生的基础和学习状况，制订数套适合不同学生群体需要的学习计划，即制订数套"学习计划套餐"，供学生选课参考，可以较好地弥补导师制的不足。

（2）通过增加免修、免听和补考来减少时间冲突。自学能力强的学生，经任课教师检查读书笔记等自学材料并同意后，可以申请免修培养方案中规定的尚未修读的部分专业课程，直接参加课程的期末考试。上课时间局部冲突的课程，学生向院系提出申请，经批准后可以免听冲突部分的课堂教学。按照学分制的要求，学生不及格的课程要重修，而学生在重修时往往会与其他必修课的开课时间冲突。因此，从缓解学生上课时间冲突和节约教学资源的角度考虑，有的课程学生修读一遍后不一定非要重修。因此，除正常的期末考试外，每门课程允许增加一次补考机会，以完善条件约束下的重修安排。

第三节　民办高校人才培养目标定位品牌建设

一、专业与课程定位品牌建设

专业与课程定位是我国民办高校人才培养目标定位品牌建设的主体内

容，人才品牌建设主要是或者直接是通过专业、课程及其体系建设来进行和体现的，即人才培养目标定位品牌建设是专业、课程及其体系定位品牌建设的依据和标准，而专业、课程及其体系定位品牌建设，是人才培养目标定位品牌建设的主要实施内容和渠道。我国很多民办高校按照这一基本思路，围绕培养技能应用型专门人才的定位目标及其品牌建设的要求，在专业、课程及其体系定位品牌建设方面做了一些探索和工作。我国民办高校主要有两大类学校，一类是有行业、产业背景和企业做支撑的学校；另一类是没有行业、产业背景和企业做支撑的学校，其中多数是后一类学校。

以行业、产业作背景和企业做支撑的学校，根据学校的特点，把专业和课程及其体系建设以行业、产业、企业和社会对人才的需求为依据进行定位，然后在定位基础上实施专业与课程及其体系的品牌建设，取得了一定的效果。

没有以行业、产业、企业为背景和支撑的民办高校，主要是根据社会需求调查所确定的人才培养目标要求和自身的条件设置专业与课程体系，并在此基础上进行专业和课程及其体系的品牌建设，这样所受的限制和约束要少一些，专业和课程面拓展得也要宽一些。

二、办学理念与宗旨定位品牌建设

很多民办高校基本能认识到一所民办高校要培养出合格的高水平、强能力的应用型专门人才，必须根据民办高等教育的规律和社会的需要以及自身的状况，进行办学观念和办学宗旨的准确定位，这是人才培养目标定位品牌建设的基础和前提，凡是这方面做得较好的学校人才培养工作成绩就比较显著，学校的发展也比较快、比较健康。

我国的民办高校大都把人才培养的方向和目标直接对准就业市场，打造适应就业市场需要的技能应用型人才，形成人才品牌特色，毕业生就业形势也很好，就业率也很高。但是，就全国而言，还有部分民办高校办学理念和办学宗旨定位不准确，因而致使人才培养目标的定位也不准确，进而影响人才品牌建设的有效进行，这种情况需要引起高度重视。

三、师资教学目标定位品牌建设

师资队伍教学目标定位品牌建设，是人才培养目标定位品牌建设的主导因素。现阶段我国民办高校的师资队伍有兼职和专职两种，由于大多数是从事学科、学术性教育的公办高校聘请的，或吸收此类学校的毕业生做老师，这些人不太适合培养技能应用型人才的要求，所以存在一个教师教学目标定位转向的问题。在这方面一些学校做了一些初步的探讨和实施工作，取得了一定的实效，在总结历史与现实的经验和教训的基础上，从以下三个方面进行疏导和建设工作：

第一，招聘专、兼职教师和学科学术带头人以及专业教学管理人员时，在考察了解应聘者专业知识基础、教学经验等方面的同时，着重考察其实践教学经历与指导学生动手操作的能力，并且把聘用教师的渠道由单一从公办普通高校聘请拓展到向公办高职院校聘请，还拓展到从公司、企业聘请有专业技能操作特长和具有工程师、经济师、设计师等职称的人员进校做实验员和教师。

第二，对现已聘用的从事学科、学术性教育公办高校的教师提出按高职需要进行教学的要求，并通过严格的评教评学进行检查评议，促进提高其自身实践教学和动手的能力。

第三，组织专职教师中优秀的中青年骨干利用寒暑假、其他时间到与专业相关的公司、企业和机关进行实际业务的培训、实习和顶岗工作，培养双教型教师。

通过前述三方面的工作，使专兼职教师开始由偏离高职教学要求较远向较近转化，为完全达到高职教学要求奠定了较好的基础。

四、教育硬件设施定位品牌建设

教育硬件设施定位品牌建设是民办高校人才培养目标定位品牌建设的物质基础和保证，建设内容主要有两个方面：一是人才培养基本阵地和场所的建设，即教学楼、实验楼、宿舍和校内道路、体育场地和设施、绿色环境等方面的建设；二是供实习实验用的教学仪器设备和现代化教学手段（如多媒体教学、语音教学等硬件设施）建设，这是我国民办高校培养技能应用型高职专门人才并进行品牌建设最薄弱的环节，也是最大的困难之所在。但是也有一些有战略眼光的民办高校千方百计地筹集资金，采取措施进行了建设，取得了一定的成效，特别是在校园校舍建设方面，投入资金，建设成果和成效甚至超过了有的公办高校，可称之为品牌。

第四章　民办高校品牌建设中的师资队伍建设

第一节　民办高校师资队伍建设及其重要性

"民办高校在由规模化发展向质量化发展的转变过程中，更应注重提高教学质量和教学水平，而相对稳定的师资队伍是教学质量提升的基础。"[①]

一、民办高校师资队伍建设的注意事项

（一）教师类别分类，开展专业培训

针对民办高校师资队伍结构不平衡等诸多问题，采取有效的举措，定向发力，突出专业发展，培养一批教师；加大资源供给，补充一批教师；创新体制机制，激活一批教师；优化队伍结构，调配一批教师。分类施策，管理师资队伍，对教师进行相应的分类管理、分类培训，针对不同学科、不同专业的教师制定不同的培养和培训方案。对于一些师资过剩的传统专业设立考核机制，末位淘汰或者鼓励支持其转型、进修，解决专业师资不足问题。高校人事管理部门制定挂职锻炼机制，教师队伍利用寒暑假到企业进行挂职锻炼，增加教师队伍实践经验，提高教育教学水平。充分利用校友资源，邀请成功创业的校友到校分享自己的经验，从而有效提升学校教育教学质量和教育效果。

（二）重视教师培养，提高教师质量

民办高校中高级职称的教师，大多是其他公办院校退休的教师，有着较高的教学能力、科研水平，但是对现代信息技术的使用不熟悉；青年教师教学能力、科研水平低，但对现代信息技术的学习和掌握较快。可以利用这一现象，制定学校教研室、学习共同体的建设制度，建立完善的传帮

[①] 姚兴华，胡志华，沈阳.民办高校师资合理流动机制的构建[J]. 职教论坛，2017（2）：8.

带机制，由高级职称老教师带青年教师，老教师对青年教师的教学能力、科研水平进行定期指导和考核，而在此过程中青年教师也可以帮助老教师学习现代信息技术，真正做到师父带徒弟，共同成长。学校要定期举办一些说课、教学技能比赛或教学沙龙等活动，制定奖励办法或将活动中胜出作为晋升的条件，提高青年教师的教学技能。强化学校教育评价体系，真正落实以评促改、以评促教，使教学与评价联系在一起。

（三）强化师德师风建设，促进教师发展

把提高教师思想素质和职业道德水平，要摆在师资队伍建设的首要位置，强调教师师德养成，推动教师成为传播先进思想文化的先行者，同时承担起促进学生身心健康成长的重任。明确教师自己的责任、权利和义务，牢固树立公共责任、命运共同体、主人翁等精神意识。激发教师对教学工作的积极性，对教师评聘制度与考核制度进行改革，对教师教学、科研、职业道德、社会服务予以重视，建立健全各项考核制度，增强教师危机感，促进其发展。

（四）多元评价体系建立，促进成果转化

学校要从顶层设计的高度对现行的教学、科研管理制度进行适当的融合对接，把教学理论与实践结合起来，力争做到教学与科研紧密结合，真正做到科研为教学服务。鼓励教师根据社会需要和行业发展进行适当的教学改革，支持教师在教学过程中应用科研成果，促进教学方式、方法、手段的推动与改革，提高教育教学质量。支持教师承接企业、行业研发项目，提供技术服务等。提升转化成果等在教师科研评价体系中的比重，改革以论文数量和期刊级别为唯一标准的教师科研评价机制，建立一套科学有效的教学、科研、职称评定的评价机制和一套科学、合理的考核机制和奖惩机制。

（五）深化改革人事制度，促进教师良性发展

民办高校利用机制的灵活性积极探索人员管理制度的建设。对入职教师准入提出高要求，严把教师选聘入口关，实施入职教师的思想素质与业务能力双重考察机制，为了优化学校教师队伍结构，聘用其他高校教学工作经验丰富和有行业企业工作经历的教师，聘用外籍人员担任教师。完善学校教师职称评定制度，把握原则，严格按照职称评定制度执

行，对条件不符合的坚决不予通过，树立高标准、高要求。考虑高等学校青年教师住房问题，通过健全多方面的人事管理制度，促进高校青年教师的良性发展。

二、民办高校师资队伍建设的重要性

民办高校对于实现我国高等教育大众化而言意义重大，其实现了传统高校办学格局的巨大突破，使高等教育环境更加开放和活跃，公办高校在相应冲击下不得不进行自我升级和改革，使得高等教育的整体规模和水平均获得巨大提升。同时，从国家而言，高等教育的办学路径更为宽广，社会成员能够获得更好更多地接受教育与培训的机会，对提升国民整体素质、强化人才建设而言意义重大。而从民办高校的师资队伍建设层面来看，源于其较公办高校的相应差别，师资队伍建设一直为其办学管理当中的薄弱一环。

第二节　民办高校师资队伍建设的组成元素

"我国的民办高校一般都实施聘任制，也就是进行公开招聘，经面试筛选之后双方签订聘任合同书，双方达成劳动合同的关系。"[1]民办高校师资队伍建设的组成元素包括以下方面：

第一，民办高校的师资力量大多数为招聘的应届毕业生。应届毕业生在数量上满足了民办高校对教师的需求，再加上高校对刚刚踏入社会的应届毕业生来说也是一个很好的择业选择，双方很容易达成合作关系。但由于应届毕业生缺乏教学经验，这就造成了一定的短板。在入职后对他们进行的培训和相应的能力提升方面的指导需要民办高校耗费大量时间和精力。但由于民办高校师资的流动性过大，所以在这部分的投入与回报是否成正比，有待验证。

第二，由其他高校或者企业人员聘用。相比应届生，这部分的师资数量相对较少，但因在其他高校或企业工作过，拥有相应的教学经验或实际操作能力，是民办高校教学一线的中坚力量。但由其他高校调入的教师，多为平行的其他民办高校，公办高校转入的教师数量极其少，其中的一个

---

[1] 李晓科.民办高校发展现状与对策研究[M]. 长春：吉林人民出版社，2018：108.

原因是民办高校的薪酬待遇等还不能和公办高校相比，由企业调人的人员有实际操作能力，但与应届毕业生相同，在教学方面缺乏经验，是其软肋之一。

第三，返聘的极有经验的退休教师。有经验的退休教师教学经验极其丰富，但其弱势就是年龄偏大，在现代网络，多媒体等新兴教学设施日益强化的今天，对他们来说就不是很友好。但他们可以帮助年轻教师，将数十年的教学方法、教学理念继续传承下去。

第四，兼职教师也是民办高校教师重要组成部分。兼职教师的相对成本低，并能承担相当程度的教学任务。但在管理上就很难拿捏，这也是民办高校必须面对的现实问题。综上分析，怎样将师资合理整合，发挥其长处，规避其短处，这就是我们所要探索的新出路。

第三节　民办高校师资队伍建设的思路优化

一、坚持民办高校教师专兼结合，以专为主

民办高校需要走"专兼结合，以专为主"的教师队伍建设之路。教师是办学的核心，没有一支基本的专职教师队伍，难以保证教学质量和学术水平的不断提高，专业建设和课程教学规范的建立。高素质的专职教师队伍是办好学校、提高教育质量的关键，是搞好管理、提高管理水平和管理效益的需要。

随着现代科学的迅速发展，为适应建立合理学科梯队结构的要求，民办高校还必须同时聘请一部分来自不同的培养单位、不同的工作部门、不同的业务专长的教师和专业技术人员到学校任教。他们不仅能带来不同的思维方式和教学方法，有利于教师结构优化，相互学习，取长补短，而且也是实行开放办学的需要，有利于民办高校合理利用优质教育资源，提高办学效益，降低办学成本，增加社会的认可度。因此，民办高校在建设专职教师队伍的过程中，应该关注外聘教师的作用，坚持走"专兼结合、以专为主"的教师队伍建设之路。这样既能弥补民办高校自身资源先天不足的缺陷，又能保证队伍的稳定性。

民办高校师资队伍中专兼职教师的比例以多少为宜，各个学校应根据自身情况而定，原则上根据学校的办学定位，指导思想，办学特色，服务

方向，办学类型与层次，人才培养类型，学科及专业设置，原有的师资结构，学校所处的区域位置等各方面的因素综合考虑而定。一般而言，处在国办高校比较集中的大城市，教师资源丰富，聘任教师相对容易，专职教师可以少一些，专职与兼职的比例可各占一半，也可占 60%。处在教师资源较少的中小城市的民办高校，专职教师比例可以大些，占 80%以上，以满足教学的需要。与此同时，民办高校还要根据自身的师资特点和教学情况，拓展师资来源，采用请进来、走出去和自己培养的方法，构建"双师型"的师资队伍。

一方面，面向社会从工程技术人员、岗位操作能手中选拔教师，特别是一些有多年实践经验的专业技术人员，可以引进或聘请为兼职教师；另一方面，还可以通过以老带新、产学研合作、组织教师带队下企业实习，指导学生课程设计和毕业设计及实验室建设，专业教师顶岗工作直接从第一线掌握生产的新技术、新工艺和新方法，参加职业资格考试等多种形式培养自己的青年教师向"双师型"转化，既能进行专业理论课的教学，又能开展职业技能的指导，形成民办高校独具特色的"双师型"教师队伍。

民办高校师资队伍建设应以学科建设为支撑。任何高校的发展都离不开学科建设，民办高校和公办高校、应用型高职院校和研究型本科院校的学科建设只是在内涵和侧重点上有所不同。当民办高校在确定了发展目标定位以后，做好学科建设的工作就显得极为重要。学科是民办高校的品牌，有了这个品牌，教师队伍的建设就有了吸引力，否则，教师只会把民办高校的任教作为临时工作加以应付，更谈不上事业心、责任心和敬业精神了。

另外，教师梯队建设非常重要，有一个科学合理的教师梯队，教师层次、年龄、专业特长等得到合理搭配，将直接推动学科的建设，进而推进教师队伍的建设。学科发展了，既为教师提供了实现人生价值的舞台和场所，又能明确引进什么层次和引进多少教师的目标，还能推动在岗教师的自我提高、自我发展。

总而言之，民办高校要加大建设教师队伍的力度，积极引进一批德高望重、富有才学，能带领学校学科建设、专业建设、教材建设、图书资料建设、开展科研等方面的专业人才加入民办高校建设工作中来，逐步建成一支结构优化、素质良好、富有活力，既懂教学、又懂管理的专兼结合的高水平师资队伍。

二、培养信息化教学能力

（一）创新教育理念，完善教育模式

不同的教学媒体在辅助课堂教学中均发挥着极其重要的作用。教师在教学中应用现代化教学媒体，可以形象化地处理教材中的抽象事物，培养学生的发散性思维及抽象思维，有效培养学生的创新思维能力。同时，教学媒体的运用还可以建构虚拟课堂，创设真实的教学情境，激发学生的学习兴趣，凸显学生的主体地位，使学生自主探究学习的能力得到有效培养，使教学有效性得到提升，促使教学意义建构得以实现。为此，教师应积极应用教学媒体，创设合适的教学情境，激发学生的学习兴趣，着重培养学生的创新能力，有效培养学生的核心素养。

1.教师把握教学媒体在教学中的运用时机

教学媒体集音频、视频、文字、图像于一体，信息量非常大，用其辅助教学，可以很好地发挥学生参与课堂教学的积极性，加上视觉、听觉的充分结合效用，可以极大地提高课堂效率，激活学生的思维，有利于学生思维的拓展和能力的综合培养。为使电教媒体在学科教学和核心素养培养中产生最佳效果，其使用的时机就相当重要。

（1）导入环节中的运用。民办高校教师要想在课堂教学中要培养、激发学生的学习兴趣，就应抓住导入课堂环节，第一锤就应敲在学生的心灵上，一开始就像磁石一样把学生牢牢地吸引住。因此，教师要在新课导入环节运用教学媒体，创设情境，激发学生学习兴趣，唤起学生的学习主动性，使之乐学善学。这不但利于教学的顺利展开，而且有利于培养学生的自主发展意识。

第一，图片运用。图像可唤起和组织学生原有的知识经验中的感性材料，吸引学生的注意力，帮助学生理解所学内容。而创设教学情境能唤起学生的情感共鸣，培养学生的审美意识。幻灯片、投影仪都是图画的表现手段，以多媒体手段参与教学，更直观生动，能刺激学生的感官，诱发其思考，使学生有话可讲。同时这两种教学媒体还可以根据不同的教学内容以及给学生印象的深刻程度创设不同的情境。

第二，音乐导入。音乐是一种极富内涵的艺术语言，可以向人们展示一幅幅优美、动人的画卷，能发展学生的想象力，提高他们的思维能力，还可以锻炼他们的注意力、观察力、记忆力等。学生在听音乐时，随着音

乐旋律的起伏，在感到轻松、愉悦、满足的同时，也会产生兴奋情绪。这不仅有助于提高教学质量，也可极大地调动学生的学习积极性。

第三，视频导入。心理学家认为，感知是认知事物的首要条件。视频导入能通过播放电影或录像，客观、直接地刺激学生的感知器官，从而激活他们的求知思维。

在导入环节巧妙运用教学媒体，不管是图片、音乐还是视频，均可以激发学生的兴趣，唤起学生的学习主动性。导入中的教学媒体的材料要与学科教学内容相符合，要考虑到培养学生核心素养的需要。教师要精心选取身边或近期发生的、与课堂教学内容紧密关联的热点事件，通过截取视频或新闻报道、网络链接等形式在课堂上展示给学生，在激起他们学习兴趣的同时，培养他们的家国情怀，唤起他们的责任意识。

（2）教学过程中的运用。教学媒体用于教学过程中，可以辅助教学，不但有助于解决教学难点问题，引导学生理解教学内容，而且可以培养学生的创新精神、科学精神和反思精神。

民办高校教师通过图形演示，能培养学生创新能力。在学科教学过程中，面对学生难以理解的一些地方，教师可以运用图形演示，引导学生直观理解，帮助学生在理解知识的同时，培养其创新能力。

民办高校教师能点拨思维，培养学生科学精神。核心素养导向下，教师在教学过程中要善于把握学生的思维导向，对学生的思维发展具有一定的预见性。而这时，教师借助于教学媒体，可以在学生思维转折处采用恰当方法予以点拨、提示，从而培养学生的发散思维和科学精神。

民办高校教师在关键处切入，培养学生反思精神。在教学过程中，遇到关键处，教师可以借助教学媒体，将枯燥的文字表达形式转换成生动、形象、易于理解的形式，从而引导学生转换思维，培养学生的科学探究精神。

总而言之，多媒体创设的活跃的课堂气氛，让学生产生了一种强烈的求知欲，使其感到学中有乐，欲罢不能，进而获得成功的喜悦，激起学习的自信心。这些都有助于挖掘学生的内在潜力，正是对学生勇于探究、乐学善学核心素养的培养。

2. 教师掌握教学媒体在教学运用中的原则

现代化媒体在教学领域的应用越来越广泛，促进了教师教育教学观念和教育教学模式的改变，使教学内容变得更通俗易懂，增加了教学的深度和广度，激发了学生的学习主动性；在与学科教学相结合中，也对学生的核心素养培养发挥着积极作用。但教学实践证明，教学媒体在学科教学和核心素养培养中，只有严格遵循科学的原则，方能使之发挥作用。具体来说，要注意的原则有：

（1）教师要根据教学内容恰当运用教学媒体。教学媒体辅助教学是一种新的教学方式。进行教学媒体辅助教学必须考虑教学内容，这样才能发挥其最大潜能。不能一味追求教学方式的改变，要立足实际。

（2）教师运用教学媒体要适当并讲求实效。教师必须明确教学媒体是手段，使用这种手段的原因是为学生提供必要的感性认识。因此教师在使用教学媒体时，要根据学生的认知规律、心理特点、教学内容等诸多因素，综合考虑，精心选择，克服形式主义，将媒体教学手段与传统教学手段有机结合起来，扬长避短，发挥辅助教学和培养学生核心素养的目的。

（3）要坚持学生的主体地位和教师的主导作用。教师在使用多媒体辅助教学时，要让学生有时间思考、接受和消化教学内容。为此，教师在使用教学媒体时，要注意适时掌控学生的注意力和兴趣，根据教学的具体情况调整教学的节奏和步伐，采取各种方法和手段，让教师引导课堂，让学生发挥主体作用。

（二）提高学习技能，增强教学能力

1.教师的教学技能

现代社会对教师的要求愈来愈高，民办高校教师需要遵守教师资格制度、规定，其中教育教学能力包括了教学技能。教学技能是一个历史范畴，随历史的发展其内涵也在不断变化。教师职业专化的进程，伴随的是教师技能的规范化。教师教学技能的范畴和要求会随教育的发展和教师职业专业化的加深而加深，教师教学技能在教育和教学系统中的位置随着社会的发展而日益从边缘走向中心。对教学技能的界定分多种方式，归纳为三种看法：第一，教学技能只是教学行为或行为方式。教师表现的教育行为都可称之为教学技能。这里的教学技能指的是操作性行为，包括所有行为，不管这种行为对于教学和学生会产生何种影响，不够科学；第二，教学技能是有效的教学行为方式。不过这种定义存在局限性，那就是把教学技能和教学观念割裂开来，而仅仅把教学技能理解为行为方式；第三，教学技能是理论的一种外化形式，是运用教学理论的一种表现形式。这里的教师教学技能是指教师在不同的教育情境中，依据教学理论、运用专业知识和教学经验等，为促进学生学习、实现教学目标而采取的特定的一系列教学行为方式。

2. 教师的教学能力

课堂是实施素质教育的主要场所，教师在传授知识的同时要培养学生的能力和创新意识，在教导全体学生的同时还要照顾到学生之间的个别差异。成功的课堂教学依赖教师的教学设计，需要在课前根据学生的特点，对教学内容进行组织和再加工，并选择恰当的教学模式和方法，以取得最佳的教学效果。简单地说，教学设计的能力就是教师在课前对教学中各要素进行最优化组合设计的能力。

（1）课堂组织与管理能力。课堂教学是课程实施的基本途径。教师在课堂教学中所做的一切努力，都在调动学生学习的积极性和主动性，以促进学生在教师指导下主动地学习。教师要对课堂教学中各种要素进行调控，使教学得以顺利进行，这种能力包括课堂教学有序实施的技能，营造课堂学习气氛的技能，调动学生积极参与的技能和课堂教学节奏的控制技能等。

①导入技能。导入技能是指引起学生注意、激发学生兴趣、调动学习动机和建立知识间相互联系的教学活动方式。

课堂教学方案的设计与实施，需要遵循如下类型导入原则。首先，导入教学要具有较强的针对性与目的性。导入方法必须对学生学习目的、学习方法与学习内容的初步明确大有助益，并且能够密切结合学生的生活实际与教材内容，选择既合适又恰当的导入方法；其次，导入教学要体现关联性。导入模块的授课内容应该紧密结合新课程的讲授重点，揭示新知识与旧知识的通连关系；再次，导入教学要具备启发性和直观性。新知识与新观点的导入，应该尽量以真实的实验数据和具体的生动事例为前提，通过设问与讲述，激发学生的学习热情，引发学生深入思考并主动提问；最后，导入教学要体现趣味性。教师运用生动的语言表达炽热的情感，可以为授课过程增添无限情趣，并将教师的个人魅力展现得淋漓尽致。

②表达技能。教师的课堂教学、知识讲授、练习组织，以及学生学习积极性的激发与调动，都与教师的表达技能密不可分。作为教师教学任务完成情况的关键保证，教师的表达技能不仅可以影响学生的学习能力和学习水平，还是决定教师教学目标的重要因素。

教师的表达技能有基本层次与特殊层次之分。其中，基本层次的表达技能属于个体在社交过程中必须具备的基本技能。特殊层次的表达技能，主要是为满足特殊语境中课堂教学的基本要求，该技能主要由引入要素、介入要素、评价与考核要素构成。根据教师的职责属性与工作特点，教师表达技能的运用必须遵循科学原则，并符合学科术语使用的基本逻辑。

③提问技能。师生之间借助提问可以实现思维的相互促进，便于教师检查学生的学习情况、知识巩固与运用情况，以及教学目标的实现情况。运用于班级授课过程中的提问技能，还可以了解学生对知识熟练掌握的程度，以及学生的回答反应与情感状态，从而实现集体讲解与个体辅导的有机结合。

④授课技能。教师在讲授事实性知识时，可运用描述法与解释法，加强与学生的思想情感交流，从而适应现代化教学改革的必然发展趋势。

⑤变动技能。教师在教学过程中需要借助多种媒体手段进行知识与信息的传递。在教学形态方面，教师讲话声音的停顿，教师的头部动作、面部表情、手部姿势与眼神等发生的变化，都可以激发学生的学习兴趣。此外，多媒体教学设备的使用，有助于锻炼学生视觉、听觉、嗅觉与触觉感知能力。

⑥强化技能。学生在学习方面的浓厚热情与旺盛精力，需要教师在教学环节运用强化技能，促进学生学习力量的保持与学习内容的巩固。

⑦演示技能。为了加深学生对教学内容的理解，教师在讲课过程中可以运用模型、标本与实物，进行示范操作，调动学生的视觉感官。为实现这种教学目标，教师必须具备基本的表演与示范技能。

教师在进行教学演示时，通常会使用分析法、归纳法、展示法和声像法。其中，分析法是借助实验演示进行实验分析，引导学生获得可能的实验结果；借助实验观察提出问题，并及时总结相关的知识原理与概念的方法是归纳法；借助图像示意、说明甚至肖像展示，阐发教学内容，深化学生对特定知识点印象的方法是展示法；借助相关教学影像资料的放映，实现教学内容的深化与拓展的方法是声像法。

⑧书写技能。在黑板上或投影幕布上呈现的文字符号，是展示教师书写技能的重要窗口。优美的字体以及具有实质性内容的关键词语，可以加深学生对相关知识点的理解与记忆。

⑨结束技能。在结束教学任务时，教师可以借助实践体验、总结归纳和转化升华等手段，帮助学生实现对所学知识技能的系统化处理、运用与巩固，借用新知识丰富学生固有的认知体系。由于结束技能可以强调课堂所学的重要知识点、事实性的概念理论，并有助于学生进行自我检查并测验学习成效，能够自主运用思维分析法，完成教师布置的课后练习题与思考题，因而对学生及时巩固、复习与运用所学知识具有重要的现实意义。

（2）教学测量和评价的能力。教学质量的测量与评定是对教师教学成果与效率的反馈，是改进教学的重要依据；同时，它也是激发学生学习热情和强化教学效果的手段。

①命题技能。该技能包括：能够准确分析、确定教学内容的目标要求；能够根据考试目的和内容确定题的难度和题型；掌握试题编制的一般原则。

②评卷及分析试卷的技能。该技能包括：掌握评卷的一般程序和方法，合理掌握评分标准，减少评分主观误差；能够科学地分析每个考试题目的质量和考试结果的可靠性与有效性；能够撰写客观、科学的考试质量分析报告。

3.提高教师教学技能的方法

（1）精心组织，提高教学设计技能。教学设计是教师教学行为开展的首要环节。为了提高自身教学技能，教师必须认真研读教学材料，把握授课重点，科学设计教学方案，确保教学设计重点分明、层次清晰。同时，教师也应该主动了解相关领域的前沿知识，通过查找、翻阅资料的方式，补充、丰富并完善教学设计内容。此外，教师还应该围绕教学需求，及时修改教学方案，确保教学设计符合内容创新、与时俱进的要求。

（2）改进教学方法和手段。教师教学方案的实施、学生新知识的获得以及教学整体质量的提升，都与课堂教学密不可分。为了提高课堂教学技能，教师必须尊重学生身心成长规律，围绕学生的知识获取诉求以及学生的实际学习情况，激发学生的学习主动性和积极性，借助课堂提问与作业辅导等途径，调动学生的学习活力。此外，教师应鼓励学生参与讲课、演讲、辩论与座谈活动，并在课堂教学中尊重学生的主体地位，促进学生学习精力的全身心投入，定期改变教室内部桌椅的布局方式，给予学生更多关注，这些都有助于课堂教学活动的顺利开展。

（3）熟练运用现代信息技术，提高教学媒体技能。教学媒体的科学使用，有助于教师提高教学质量和水平。随着互联网计算机技术的应用与普及，教师使用多媒体技术开展教学活动，既是新的机遇，也是新的挑战。面对新的教学形势，教师需要不断提高自身使用教学媒体的技能。为了满足教学发展的新要求，教师既要掌握多媒体设备的使用方法，也要认真学习操作计算机的专业知识，创作出优质的多媒体教学课件，优化多媒体教学的现实效果。此外，教师还应该提高自身书写技能，学习色调与色块的搭配技巧，使知识的呈现方式既美观又优雅，从而激发学生认真学习的热情。

（4）深入探讨教学理论，提高研究技能。先进的实践需要以科学理论为指导。在探索教育理论与实践关系方面，教师须强化理论教学研究，使自身教研技能有所提高。为满足新形势下的教学要求，教师必须认真学习教育法律与法规，掌握最新的教育政策，阅读相关的教育理论书籍，了解教育领域的前沿课题与发展动态，以便为教育事业的长远发展奠定坚实基础。此外，教师要认真研究个体在教育系统中的作用与定位以及教学技能的科学发展规律，明确教学技能在新形势下的新变化与新要求，做到紧跟形势发展，尊重教学技能认知的针对性与规律性，实现教学技能对教育发展的促进作用。在与其他教师交流、讨论教育理论时，教师应该积极思考教学活动中遇到的疑难问题，借助群策群力，探寻问题解决的方法与途径，促进教育理论水平的提高，推动教育事业发展。

（5）积极参与学生社团和活动，提高组织和指导课外活动技能。积极参与社团和文体活动，对学生自身素质的发展与提高，具有不容忽视的重要意义。因此，教师应该善于组织课外活动，在指导学生积极参与社团和文体活动过程中，也积极参与社团和文体活动，与学生进行健康交流与互动，通过强化师生情感、增进师生友谊、密切师生关系，促进教学活动顺利开展。此外，教师应该注意参与社团与文体活动，对学生学习积极性的激发作用，在开展教学活动过程中，促进学生的全面发展与健康成长。

（三）加强思想道德建设，构建全面育人观

1.数字化时代教师的思想道德建设

（1）以人为本素养。学校教育是社会的有机组成部分，因此，学校教育培养的学生不仅要适应时代的发展，还要发展人的本性，这就要求民办高校教师具备以人为本的素养，教师需要树立教育的目的之一是让学生获得终身发展的意识和适合社会发展需要的必备品质和关键能力这一专业思想，并切实把它作为教师专业行为的理性支点。在教师的职业品格中，必须具备以人为本的核心素养，即以学生为本，关注学生的发展。

教授对待学生要像对待朋友一样，在平等的前提下，建立一种亲密的师生关系，这种亲密的师生关系有助于学生的学习，及其自我概念的增长。亲密型师生关系比冲突型和冷漠型师生关系更有利于学生的自我概念发展。因此，教师要在处理师生关系时，努力保持双方地位平等，与学生沟通融洽，从而形成亲密友好的师生关系。不仅如此，教师还要热爱教育事业，不能只把教师的工作理解为授业解惑，更要自觉地把它看成是教书育人并为之终生奋斗的目标。全心投入心理学领域和教学领域，这体现了教师身上所具备的综合实践能力。一位教师最重要的不是教给学生眼前的知识，

而是能够培养学生有利于未来、有利于人类的个性。一个关注学生发展的好教师，喜欢琢磨学生们的心理，了解他们的兴趣爱好，会进一步亲近他们。这样具备"以人为本"素养的教师，深受学生的喜爱，也会得到学生的尊敬。

（2）师德立学素养。师德立学包括热爱教育、责任担当、为人师表。教师最基础、最核心的素养就是爱，爱教育事业、爱教师职业、爱学校、爱孩子；教师素养中最基本的要求之一就是责任心，教师要具有强烈的教育使命和责任担当，能够对每一名学生负责。在这个变革的时代，教师唯一不变的是立德树人，教师应该成为学生获得知识的引领者，成为学生的帮助者和学生的学习伙伴。

近年来，在素质教育不断发展的同时，过去的分数论也依旧困扰着部分教师。家长看重的是校内分数排行和市内分数排行，认为升学率就是学校的教育水平，分数就代表了教师的教学水平。但是要坚持以人为本，全面实施素质教育是教育改革发展的战略主题，核心是解决培养什么人、怎样培养人的问题。教师对此须深入思考，摆脱片面质量观的干扰，冲破"育分"藩篱，使学生"德智体美"方面同时获得发展，社会责任感、创新精神和实践能力均得到提高。

2. 构建教师的全面育人观

（1）被动学习到能动学习。教学的过程不是单纯识记的过程，而是借助集体思维，在多样的分析与综合活动中形成思考力、判断力、表达力的过程。因此，让学生通过讨论、争辩的交互作用，来介入每一个学生的内在条件，否定、修正各自的思考。

能动学习可以为"优质知识"提供保障，体现在以下几点：

第一，注重学生从事有助于提升知识质量的学习的基础素养。优质的知识意味着"理解"与"运用"知识，是对知识的活学活用。"基础素养"是求得多样的、碎片化信息的有意义整合的能力。在当今信息化时代，"能动学习"有助于"高阶认知能力"的培育。实践课题的发现与解决，通过协调性课题的解决形成个体多样的他者的关系，从而得到"价值"的学习与创造。

第二，注重学生获得"优质知识"的学习方法。要掌握优质的知识就得扎扎实实地学习，关联、归纳、内化为自身的知识。这种学习需要有思考力、判断力、表达力。在学习中要把学生自身的经验与原理原则联系起来，直面共同需要解决的问题，就得将每一个人自身的思考加以外化。由于各种经验的差异，就会出现各自不同的多样化的思考。于是展开一系列的思考过程，确认各自思考的差异、兼容不同的思考；在寻求能够认可的答案中，表达每一个人的思考；彼此听取各自的表述，不断地推敲答案。

（2）表层学习到深度学习。

第一，"大观念"是指学生即使忘却了学习的细枝末节，仍然能够长久地记忆重要的、本质性的概念。学生要深化"大观念"的理解，就得理解基础性的概念，掌握探究与解决问题的技能，并把这些概念与技能同课堂彼岸的大千世界相连。如果"基本概念"是贯穿整个基础教育阶段的学科课程编制的框架，那么"大观念"则是基本概念内涵的具体化，需要同学通过日常生活与社会生活相结合的方式来求得理解。

第二，"前向期待"。人总是本能地企求成功。家庭环境、出身国别、经济状况、受到的教育，同这个人的成功没有任何联系，唯一同"成功"有相关关系的是"心态"。教师对学生的"期待"也是同样的。"期待"是指在这个阶段里不清楚能否实现。换言之，在思考想实现或者不想实现时，这就有了"前向期待"与"后向期待"的区别。"前向期待"是指教师的一种乐观看法。无论教怎样的学生、教什么，最终总能达成目标，实现成功。对于成功的机会，常常能够敏感地做出反应。因而会关注自身的成功，特别是学生的成功。

三、注重民办高校教师的专业化发展

（一）教师专业化的相关知识

"化"，按《辞海》解释，是"表示转变成某种性质或状态"，这里包含过程和性质的含义。关于专业化也有两层含义：一是指一个普通职业群体逐渐符合专业标准，成为专门职业并获得相应的专业地位的过程；二是指一个职业群体的专业性质和发展状态处于什么情况和水平。目前，教育理论界对专业化所持的普遍的观点是：教师专业化是指教师个体专业水平提高的过程以及教师群体为采取教师职业的专业地位而进行努力的过程，前者是教师个体专业化，后者是指教师职业专业化。教师个体专业化与教师职业专业化共同构成了教师专业化。

教师专业化有下列几个含义：①教师的专业性中包含了学科和教育，教师必须达到国家要求的学历才能任职，同时也要具备相应的职业道德、教育能力和知识；②国家设有专门的教育措施、机构和内容服务于教师教育；③国家制定了相关的制度来管理和认证教师的资格和教育机构；④教师专业需要实现可持续发展,教师专业化也是如此,这个过程是需要进一步深化的,从本质上来看,教师专业化就是不断成长和进步的。

教师专业化在当前有了进一步的发展,人们也由此转变了研究视角,从原本的群体专业化逐渐向着个体教师专业化转变,重点突出"教师专业发展"所具备的意义。但站在广义的层面上看,"教师专业化"与"教师专业发展"都代表着教师专业性不断提高的过程,二者在概念上是基本一致的。

1. 教师的专业标准解读

要将职业发展成专业,就要做到以下几点:

(1)运用专门的知识与技能:指的是专业人员所依靠这套专门的知识和技能体系是完整的。

(2)强调服务的理念和职业伦理:指的是专业道德包含了服务和奉献。这是一个大家都会遵循的伦理标准,专业道德是指对自我行为进行约束,保证自己可以承担责任、具备职业操守、满足社会需求。

(3)经过长期的培养与训练:只有经过长期的专业训练,不断养成,才能成为一个成熟的专业。

(4)不断地学习进修:专业的职业生涯往往要持续几十年,而社会的不断发展常常会给专业带来全新的挑战,只有经常学习进修,才能保证专业技能可以紧跟时代的浪潮,才能与社会发展接轨。

(5)享有有效的专业自治:当一个专业有了一定的社会地位,其专长与社会需求重叠时,说明它已经构建出了极其复杂且专业化的科学知识体系,外行人员是无法承担与专业人员相同的工作的,这时就形成了专业自治,这些专业人员所处的行业培训标准可以由他们来制定,并且从一定程度上影响国家对这一职业的规范与法律。

(6)形成坚强的专业团体:一种工作若是已经有了坚强的专业团体,就说明它已经很专业了。例如一些协会、学会等由专业成员发起的需要一定入会资格的民间组织,这些专业团体的构成都是专业人员,他们会进行自我管理,并且认可个人成就。一方面可以确立专业地位,实现个人利益的维护;另一方面可以制定相关的规定与章程,保障人员的权利与义务,让个人和团体不断提高责任感,共同维护大家的利益。

2. 教师专业化的重要意义

当前,教师的发展随着不断改革的教育有了更重大的意义。知识经济的基础是知识,静态的知识已经不能满足人类在当前的经济生活,所以要及时创新知识。人类与生俱来就带着创造性，从当下的教育发展中可以看出，教师早就成为教育的实践者、研究者、思想者和创新者，而不再只作为教育的执行者。从专业发展的角度上看，时代已经开始重视教师的专业化发展，关注了教师的精神、主体地位以及意识，这也会极大地影响教育。时代的不断发展与进步要求教师必须得到发展。

（1）提高教育质量的关键。振兴国家的希望在于教育，振兴教育的希望在于教师，这已成为人们的共识。如果不去关注教师的专业化发展，那么教育就无法实现改革和发展，这不仅是教师本身对教育活动所发挥出的重要作用，还是人们从各种教育实践中总结出来的经验。

（2）教师自身幸福的源泉。教师这份职业是很有幸福感的。这份幸福感是教师能够从教育工作中体验到幸福，然后在不断地努力奋斗之后达到自己的职业目标，通过自身的不断发展让自我产生愉悦感和满足感。民办高校教师的幸福既和自身的生活质量息息相关，还关系到了教师能否提升教育质量、能否从教书匠逐渐迈向教育家、能否顺利推进教育改革等。有很多方面都能够展现出教师的幸福感，例如，学生的成才与成长，教师对学生的无限关怀，教师无怨无悔地将自己投身于教育事业中，还有工作带给教师的满足感和成就感，以及教师的专业发展。教师能力的不断提升也是其幸福感的来源。教师在追求、向往和理解幸福感的过程中，都可以让主体能力得到发展。因此，教师幸福与教师发展是紧密相连的。

（3）学生发展的前提。从发展上来看，教师和学生是不可分割的。若是从教师的层面讲，学生发展可以有效地促进教师发展，因为学生发展为教师带来了不少的发展机会。而教师要好好把握住这些机会，实现教与学的共同进步。若是从学生的层面讲，学生的发展依赖于教师的发展。教师的悉心培养和耐心教导帮助学生实现了发展，学生的发展是不能脱离教师的发展的，否则就失去了发展的土壤。

（二）民办高校教师专业化发展的模式构建

1.民办高校教师专业化发展模式的建构内容

教师专业化发展是教师自身专业技术特征发展的基本要求，也是职业发展政策和教育管理制度相结合的产物。从理论和实践来看，我国学校教师专业化发展模式的建构主要包括以下七个方面：

（1）促进民办高校教师构建博而精的学科知识。21世纪需要复合型人才，教师的知识结构直接影响教育教学质量，这就要求教师首先成为复合型人才。教师博而精的学科知识是教师的从教之本，是教师队伍的专业化发展水平的重要指标，也是学校人才培养质量提升的关键性因素。因此，在学校发展中必须注重理清思路，多想办法，通过逐步提高教师队伍的学科知识水平，促进其博而精的学科知识构建，进而提高教师的专业化发展水平。

（2）促进教师树立与时俱进的现代化教学观念。现代化的教学观念是教师专业化发展的重要内容。在教学活动中，不仅要实现教学内容的理论化、课程结构的综合化，还要求教学方法的创新化、教学手段的多样化，这是摆在教师面前的重要课题。21世纪是信息化社会，以互联网技术为传播媒体的现代远程教育广泛普及，教师必须树立现代化教学观念，有效利用现代远程技术与方法，充分利用因特网丰富的信息资源，合理安排教学计划，选择并补充恰当的教学内容，适时更新教学观念。

（3）加强教师自我专业发展的能力培养。教师的自我专业发展要求教师注重培养良好的自我专业发展意识，自觉承担专业发展的责任。从具体过程来看，要加强教师自我专业发展能力，就要激励教师加强自我更新，促进教师通过一系列的活动，包括教师的自我反思以及自我专业发展方向调控等，推动教师不断加强自我专业发展的内在动力，提升教师自我专业发展能力。教育管理部门和学校也要采取有效措施来加强教师专业发展能力培养，不断丰富教师自我专业发展的思路与途径，进一步推动广大教师加强教学实践能力，促进教师加强自我专业发展的反思，提升专业化发展水平。

（4）形成教师学习和反思的策略。学习和反思策略的形成，需要教师在日常的教学活动中注重思考，更需要教师在实践中加强教育教学技能的自我学习。优化自我学习方式可以通过在教学过程中开展教学交流、加强听课学习等活动，促进教师们取长补短；又要从中反思并积极探索解决教育实践中的一系列问题，辩证地获取和创新策略，不断改进自己的教育教学方法。经验学习也是提升教师专业化能力的一个重要方面。此外，教师应加强教育科研方面的自我学习，通过教育科研来促进教师专业化发展。

（5）建立教师培训体系。教师培训体系是促进教师专业化发展的一种有效策略。通过培训体系的构建，能让教师充分了解教师专业实践知识和教师自身需求，发掘学校和教师的潜力，促进二者协调发展。当今世界各国政府都十分重视建立科学合理的教师培训体系，通过加强教师培训并促进其制度化和系列化，进而提高教师的专业素质，促进教师专业化的发展。

学校教师培训体系建立过程中，要注重形式的灵活性，例如教师培训方式可以采取定期与不定期的培训方式，既有学历教育培训，也有非学历的培训；既有短期培训，也有长期进修；既有校内与校外相结合的培训，也注重国外的经验引进与联合培训。

（6）严格实行教师资格制度，建立教师职业标准。完善教师专业化发展模式，还要注重建立科学的教师职业标准。现行的《教师法》明确规定了学校教师聘用的基本条件，如思想道德要求、学历要求、教育教学能力要求等。其目的之一是从制度上抬高学校教师的准入门槛，严把教师准入关。教师资格制度只是教师入职的一个参考因素，在教育实践过程中还要考虑确立教师职业标准，使教师的考核评估工作切实做到科学、合理、准确，同时注重公开、公平、公正的原则，为全面推行真正意义上的教师专业化发展提供可靠的依据。

（7）完善促进教师专业化发展的法律法规。有力地推动教师向专业化发展，还需要有一定的法律法规作为行动指南，以法律法规来协调教育管理部门、学校以及教师等主体之间的关系。因此，在教师专业化发展体系的建设中，还必须适时地制定或修订关于教师教育教学相关的政策法规、教师专业化发展制度与方法的法规，结合依法办学、依法治校来促进教师的专业化发展。

2. 民办高校教师专业化发展模式的构建策略

（1）加强制度创新，构建符合我国民办高校教师专业化发展的制度体系。

第一，加强管理制度建设。教师专业化发展是教师自身职业的专业技术特征与相关教育管理制度相结合的必然结果，要在政策和制度体系建设上花大力气、下大功夫，为学校教师专业化发展奠定科学基础。教师专业化发展的制度体系建设应该围绕教师专业化发展的多个维度，包括教师任用、教师培养、教师继续教育等方面来展开。

第二，完善和改进学校教师聘用制度。在教师聘用方面，既要落实贯彻国家关于教师聘用的相关法规制度，也要注重教师聘用制与激励机制的有效结合，还要注重引进优胜劣汰的激励竞争机制，以适应经济社会发展对教育改革的根本要求。在教师聘用制度方面，也要建立严格的教师考核评估制度，以便对教师的教育教学水平和已具有的专业技能有更为全面的了解，最终通过完善和改进学校教师聘用度，促进教师考核评价的科学性和合理性。此外，教师聘用制度必须坚持公开、公平、公正的原则，确实为学校的发展选拔可靠的参与力量。

第三，加强和完善教师的继续教育和进修制度。教师专业化发展要求加强教师的继续教育和进修制度，包括适时地制定或修订关于学校教师继续教育的政策法规，依法促进学校教师不断提升继续教育能力，以促进日常教学工作水平的不断提升。近年来，很多地区建立起了教师继续教育及进修制度，如教师暑期提高班、师范大学举办教师技能培训、相关组织举办教师各种进修和学术会议等，这对学校教师的继续教育能力提升起到了较大的促进作用，需要进一步保持并积极探索更为丰富的途径。

第四，加大理论与制度创新力度，有力促进教师专业化发展制度体系的构建。一是要加强教师专业化的理论创新。理论创新是制度创新的前提。理论创新必须致力于提升我国教育实践创新经验，并切实指导我国教师专业化发展实践。二是要加强制度经验借鉴与应用创新。可以借鉴发达国家教师专业化发展的一些制度化经验，例如，国外有教师专业化自主发展管理制度、教师专业化发展机构认证制度、教师专业化课程认可制度等。有必要将国外这些有关教师专业化发展制度加以甄别，并与我国学校教育发展的实际情况相结合，注重合理引进。

（2）落实学校主体责任，构建多元化和开放式的教师教育体系。制度体系是学校教师专业化发展的外在条件，而制度能否得到有效执行，需要学校进一步落实主体责任，构建多元化、开放式的教师教育体系。具体来说，要注重以下方面：

第一，落实学校的主体责任。学校在改革发展进程中，从学校领导到一般教职工，都要明确学校的主体责任，切实明白教师专业化发展的重要作用，并积极投身于教师专业化发展相关工作。

第二，营造适合民办高校教师专业化发展的学校文化。学校文化的一个成熟表现是教师群体拥有一种共同的教育理念，包括先进的教育观、学生观和教育活动观。学校文化在很大程度上影响着教师的思想发展，制约其教育教学行为，也影响到教师的专业化发展。构建适合教师专业化发展的文化环境，可以让教师走出孤立、超越纯粹的个人反思，获得组织认同和专业发展的选择性提升。

第三，加强多元评价。受到利益主体多元化的影响，学校教师的专业化发展评价也不能采用单一主体模式，应该综合考虑多元利益主体的参与作用，从多主体立场上展开评价，并进行综合评定。通过多元化评价，也更能体现对教师专业化发展的人文关怀，更能体现评价的科学性和发展性。

第四，建立恰当的沟通机制。要加强沟通机制的建立，进一步围绕人才培养需要而建立完善的信息反馈渠道，通过畅通的信息渠道适时跟踪教学质量信息，了解教师专业化发展状况，形成外部检查与内部反馈以及教师自我反思相结合的沟通机制。建立沟通机制的目的，也是致力于每所学校都能够帮助教师在其教育生活过程中通过沟通和商谈，寻求理解，形成互助与合作关系，促进学校与教师之间、教师相互之间以及师生之间的相互理解，最终实现教育的功能，促进学校内涵发展。

（3）培养民办高校教师自主发展意识，加强教师专业化发展的内在动力。

第一，民办高校教师的自主发展意识对教师专业化发展起着重要作用。教师自主专业发展意识是教师在教学活动过程中所应该具备的基本认识之一，是促进教师专业化发展的重要推动力。教师自主发展意识推动教师对过去的发展过程进行必要的反思，并将目前的专业化发展水平进行一个自我评估，同时促进教师对以后可能达到的专业化发展水平进行展望。从具体内容来看，教师的自主专业发展意识的含义比较广泛，一是包括教师对专业化发展所经历过程的认知，二是包括教师对自身专业发展状态与水平的一种认识，三是包括教师对自己未来专业化发展的规划认识。

第二，培养教师自主发展意识，增加教师对专业化发展的实践反思。教师自主发展意识能促进教师对教学实践活动进行反思，在很大程度上决定了教师专业化成长与发展的水平。通过专业化发展实践，促进教师加强对教学活动和教学过程的思考，加强教学决策和教学参与行为，并对教育活动行为进行有效的审视分析。对专业化发展实践问题进行反思，也是一种教育实践活动，有助于形成一种开放的、和谐的、合作的学校教师反思文化，这对形成教师的专业化发展的文化氛围起着重要作用。此外，自主发展意识所强调的教育实践反思，不仅是促进教师专业化发展的手段，也是教师专业化发展目标所要求的重要内容，是教师实现专业化发展的必由之路。

（三）民办高校教师专业化成长的途径探索

民办高校教师专业成长是指教师个体通过学习和实践，由不成熟教师而逐渐发展为成熟教师的专业化发展过程。教师专业发展的空间是无限的，成熟是相对的，而发展是永恒的。有关教师专业发展阶段的理论研究表明：教师专业发展是一个复杂多层次的过程，在这个过程中会经历不同的阶段。在不同的发展阶段，其发展的内涵是多层面，多领域的。一个教师由准教师—新教师—成熟教师乃至成为专家教师，是需要长期的累积和实践锻炼。

在教师专业成长过程中，如果我们能够遵循教师专业成长规律，引领中小学教师的专业成长，这对于教师的专业成长无疑具有重要的推动作用。

1.新教师的专业成长途径

新教师指的是获得教师资格证并开始从事教学工作 1～3 年的教师，包括师范院校来的和非师范院校来的新教师。新教师时期通常被称为"求生存"阶段，这一阶段是教师专业成长的关键期，它的突出的特点是"骤变与适应"。处于这一阶段的新教师要比其他教师面临着更多的困扰。

新教师专业发展面临着各种挑战：熟悉教材、熟悉学生，熟悉同行、熟悉学校环境等；备课、上课、管理学生，适应所在学校的教育教学方面的常规要求等。

新教师面临的问题是综合起来：一是课堂教学与班级管理的问题；二是处理人际关系方面的问题；三是对学校文化的适应。因此，入门阶段新教师专业化的目标和任务是：一是学习和掌握教师规范和要求，尽快地熟悉教材、教法；二是熟悉工作岗位的教育教学环境，尽快地融入学校中去，而尽早成为所在学校的一分子；三是认真参加学校有关针对新教师的各项活动和培训，提高教育教学能力，实现由"预备教师"到合格教师的转变。

对于教师整个专业发展阶段来说，新教师的专业化在整个发展阶段是一个重要的时期，也是教师生涯发展最困难的时期，也可称为教师专业化阶段的生存期。因为这个时期发展不仅关系到教师能否获得通行证，顺利走上讲台，成为合格的教师，而且所形成的教育理念和教学模式将极大地影响他们日后的教师专业发展。

新教师在整个教师成长过程中，比较而言，其发展的优势是年富力强，可塑性大；精力旺盛，对未来的生活充满幻想；积极上进，好胜心强；生活简单，有更多的时间和力量投入到工作中去。其不足是缺少教育经验、教育能力不足，心理脆弱，易受打击。因此，这一阶段的新教师的专业发展对策，一是教师的自我发展对策；二是学校方面教师教育对策。

（1）新教师的自我发展策略。第一，新教师的自我心理发展：新教师对自己要面对的工作环境，有一个充分的心理准备，对可能遇到的困难有一个充分的预想。对工作中可能出现的问题，有一个预设的解决方案。对教师工作的特点有一个正确的认识，那就是"教育工作是一件繁重、复杂的工作"，要尽力去做，但要做到尽善尽美，则需要时间和过程。教育工作需要极大的耐心和毅力。对自己的评价要一分为二，学会给自己鼓劲，树立自信心是非常重要的。

第二，多听课，向同行学习。通过听课，既可以了解他人，又可以通过比较来了解自己。因此，听同行的课，不仅可以向他人学习，而且还可以通过了解他人，对自己的教学情况有一个正确的评价，这样有利于树立自己的自信心。尤其是要多听老教师的课，虚心向老教师学习，是提高自身教学不足的有效对策。

（2）学校对新教师的入职教育。入职教育是指新教师从受聘上岗到转正前这一段时期所接受的指导和训练。入职教育是新教师过渡、体验、培养责任感和使命感、更快进入学校文化系统扮演职业角色的重要环节。因此，学校方面的入职教育对新教师的专业成长起着重要的作用。

第一，加强对新教师特点与需求的系统研究。学校方面要对新教师的发展有一个合理的预估与期望，即教师的成熟需要时间，需要过程。充分认识到新教师的发展优势，有效地运用其优势，形成新教师内在的发展动力是非常重要的。

第二，真正把新教师的入职教育作为整个教师教育的一个重要环节来抓。建立教师职后培养的教育机制，形成教师发展的有序系列。把新教师的入门阶段的培训与整个教师专业发展的目标结合起来。

第三，加强对指导教师的培训，并为其提供好的工作条件与待遇。

第四，鼓励承担教师职前教育的院校参与新教师的入职教育。

第五，在为新教师提供帮助、辅导的基础上，鼓励新教师的专业自我成长。要认识到对于新教师的培养应当更多的是给予心理上的鼓励，帮助他们克服心理上的畏惧情绪。对于新教师的工作，以鼓励肯定为主；对于新教师的评价，应多看到新教师潜在的发展空间。

2. 在职阶段的教师专业成长途径

新教师通过试用期而成为一名"正式"的、"合格"教师。此时的教师经过入门阶段的探索和实践，初步具备了从事教育教学活动的能力，能够独立地完成教育教学活动。

从整个教师专业成长过程来看，教师的职前培养为教师专业发展奠定了一定的知识和技能基础，入职指导为新教师的个性成熟和能力适应起到了调节和推动的作用，而在职教育则向来被认为是教师专业发展最为关键的环节，因此，如何在把握在职教师的成长需求的基础上，通过在职教育来有效引领中小学教师的专业发展，是教师教育领域亟须破解的一项重要难题。

（1）在职教师专业成长的正确看待。

第一，在职教师的专业成长需要时间。教师专业的特点决定了教师成长需要较长的时间。由于教育情景的不确定性及教育对象的复杂性、多样性等，都决定了教师职业对教师能力的发展有着特殊的要求，而一个人的能力的发展、成熟则需要较长时间的历练。

第二，教师的专业成长并不是随着时间的积累专业素质自然发展演变的过程。教师入职之后，仍然面临着专业发展的课题。教师由合格教师到胜任教师，乃至成为专家教师的专业发展过程中，既需要教师个人的主观努力，同时也要有客观条件的支持。教师成长需要主客观因素相互促进，形成合力，共同促进教师发展。其中，在影响教师专业成长因素中，教师教学反思能力的形成是影响教师专业成长的关键要素。实践证明：在一个教师职业生涯发展中，如果教师对自己所从事的教育活动不做认真的思考，不善于总结经验教训，那么，这个教师的发展可能永远处于合格教师阶段，发展的空间及水平也是有限的。

（2）在职教师专业发展的目标分析。

第一，继续促进教师各种专业能力的提高。在职教师的专业能力包括：教师的教育教学能力、教师的教育研究能力、教师的自我提高、自我教育能力、教师的交流、合作能力等。

第二，不断学习，不断更新教育理念及不断地改造、拓展自身的知识结构。

第三，不断改进教学方法。在教学、生活中能愉快胜任，形成教育智慧及个人教育风格。

第四，不断完善教师人格。树立远大理想，并形成终身献身教育的意愿与精神，成为一名优秀而卓越的中小学教师。

（3）在职教师专业成长的有效途径。

第一，合理规划个人职业生涯。教师的专业成长是一个终生的、整体的、全面的、持续的过程，它涉及个人、组织、外在环境等错综复杂的因素。教师要善于分析和审视各种因素，并学会据此制订个人专业发展规划。教师只有具备规划职业生涯的能力才能合理地确定专业发展的目标，调控专业化发展的进程。科学合理的规划应该建立在科学理论的基础之上。因此，教师首先要学习教师专业发展的一般理论，建立专业责任感。特别要尽可能多地学习、了解有关教师专业发展阶段的理论，明确自己在发展过程中所处的阶段和地位，对自己的专业发展保持一种自觉状态，及时调整自己的专业发展目标及发展策略，努力达到理想的专业发展水平。

制定教师个人专业发展规划的方法和程序是：自我认识和评估（认识自我及所处时间与空间环境）—分析相关资料，审视发展机会—确定专业发展目标与行动策略—按目标逐步执行—评价发展规划。当专业发展活动陆续展开与完成之后，教师还需要对活动的效果进行评价，了解是否达到了预定的目标，在发展中是否有不理想、欠周到的地方。然后，可以针对问题和不足加以反思，并设法改善与补救。通过对每一个步骤与目标实现状况进行相关评价，对活动过程进行及时的审视，不失时机地加以调整和修正。这样才能获得最适合的专业发展规划，使专业发展目标更有效地达成。

教师的专业发展规划有多种形式。按照时间的长短，可以是长期规划（10 年左右）、中期规划（3～5 年）和短期计划（年度计划、月计划和日计划）。通过短期计划日积月累，则达成长期计划。

千里之行，始于足下，人的发展是一个长期的过程，教师平时的工作复杂而又烦琐，但在看似平常的教育工作中，积累教学经验，提高专业能力，进而形成教师的教育智慧。

第二，不断进行教学反思。教学反思被认为是教师专业发展和自我成长的核心因素，它是教师以自己的教学活动过程为思考对象，来对自己所做出的行为、决策以及由此所产生的结果进行审视和分析的过程，是一种通过提高参与者的自我觉察水平来促进能力发展的途径。反思不是简单的教学经验的总结，不是一般意义上的"回顾"，而是思考、反省、探索和解决教育教学过程中存在的问题，它是伴随整个教学过程的监视、分析和解决问题的活动。另外，这里所说的反思与通常所说的静坐冥想式的反思不同，它往往是一种需要认真思索乃至极大努力的过程，而且常常需要与其他教师进行专业合作。

反思可分为教学前、教学中、教学后反思。教学前反思具有预测性，使教学成为一种自觉的行为，有效地提高教师的分析能力；教学中反思具有调控性，使教学成为一种多向的互动，有助于提高教师的应变能力；教学后反思具有批判性，使教学成为一种理性的评价，有助于提高教师的总结能力。

没有教师对自我专业发展过程的反思，就难以实现教师的自我专业发展。要发挥教学反思的作用须注意两点：

首先，应保证教师对自己专业发展的反思不被遗忘。为此，教师的自我反思可以安排在固定的时间，使反思经常化和制度化。在反思的内容上，教师可以根据自己的专业发展规划，将目前的教师发展内容和所达到的水平，与序列中相应专业发展时期的发展内容和水平相比较，找出较弱的方面，而后重新规划予以补救。再者，教师还需要对隐含于自己日常专业行为背后的教育信念予以澄清，尽量避免由于不恰当的信念或观念阻碍专业发展。最后，教师还可以建立自我剖析档案，或绘制自我专业发展剖析图，以便更好地了解自己专业发展的变化和进步情况，并采取相关措施。

其次，教师在自我反思的过程中还要注意记录关键事件，经常与自我保持专业对话。经常记录自己认为对自己专业化影响较大的关键事件，不仅可以为事后回顾、反思自己的专业发展历程提供基本的原始素材，而且叙述过程本身就是对自己过去的教学经历予以归纳、概括、反思、评价和再理解的过程。在这一过程中，教师可以更为清晰地看到自我成长的轨迹和内在的专业结构的发展过程，进而为更好地实行专业发展的自控和调节奠定基础。对关键事件的记录，也是发掘其对自我专业发展的价值和意义的过程，因为任何事件本身是无法呈现自身的"意义"的，只有在事后的反思中才能断定它的"关键"。这一过程也是个人向自我呈现关键事件，与自我进行专业发展对话，提高自我专业发展意识以及今后对日常专业生活中关键事件的敏感性的过程，对教师个人后续的专业发展有着重要意义。当然，也可组织专门的活动让教师相互交流个人的关键事件记录，达到对自我专业发展的再反思和相互促进提高的目的。

民办高校教师进行教学反思可以采取如下形式：教育叙事，在自我反思的基础上，教师用自己熟悉的言语方式来表达和叙述教育教学所发生的真实事情的一种文体写作；反思日记，包括工作中的经历，与他人的对话，深度的感触、期望等；反思随笔：随时记录自己的教育教学灵感；理论学习，与名师对话，与名著对话，撰写学习心得体会；微型教学，录像观课；相互观摩，同行听课观摩，相互交换意见；对话研讨，举办研讨会、沙龙等；建立档案，教师专业发展档案袋。

第三，积极开展教育研究。目前，人们对教师职业的专业性认同程度不高的原因既有主观方面的也有客观方面的原因。从主观上说，历来有一种看法，认为"学者即良师"，只要有知识、有学问就可以做教师，没有意识到一个合格的教师不仅要有知识和学问，还要有与教师职业相应的品格和技能，要有对教育规律和儿童成长规律的深刻认识，要有不断思考和改进教育工作的意识和能力；从客观上说，因为它的专业化程度还没有达到与律师、医生、会计等职业同样的程度。但随着教师职业专业化程度的不断提高，必然要求教师不仅具有扎实的学科基础，而且要有教师职业的独特品格和能力。在这其中，教育科学研究的意识和能力是非常重要的一个方面。另一方面，教师教育科学研究的意识和研究能力又是推进教师职业专业化的有力保证。正是在这个意义上我们强调，教育科学研究能力是专家型教师区别于一般教师的根本所在，开展教育科研是教师专业发展的根本途径。

新课程的基本理念之一就是使教师成为研究者。这一理念的出发点就是让教师通过参与教育研究来提高专业素质、促进自身的专业发展。在研究中，教师可以将理论与实践有机结合，更好地理解课堂教学和改善教育实践，不断扩展自己的专业知识和能力。

民办高校教师开展教学研究要立足学校的教学实践，坚持以校为本的原则。一是在选题上要针对教学实践中的突出问题，选择切实可行、具有操作性的问题。尽量避免理论性太强，脱离教学实际的题目。二是在研究方法上侧重教师的教育行动研究。要针对教师教学实践中的实际问题，探索改进教育教学实效性的方法和途径。三是要充分发挥教研组的群体作用。例如，针对教学中师生反映的一些实际问题，由教研组全体成员参与，利用集体教研的时间进行说课、上课、评课、撰写反思，找到一些行之有效的方法，解决教学中的难题。

第四，积极参与课程改革。民办高校教师参与课程改革与教师专业成长密切相关。教师专业发展是课程改革的重要支撑，而课程改革也为教师专业发展提供机会并促进教师的专业发展。首先，课程改革为教师专业发展提供了"动力源泉"。它激发了教师实现自身专业发展的强烈动机，并通过课程"范式转换"对教师提出了新的要求，推动教师在课程改革的过程中积极参与，进而提升自身专业形象和专业素养。其次，课程改革为教师专业发展提供了新途径。尤其是校本课程的开发，能增进教师对学校课程的归属感，提高教师的工作满足感和责任感，使教师对教学工作有更多的投入，并促进教师各方面的专业发展。

第五，保持开放的态度，加强合作交流。有人把教师的职业描述为一种孤独的职业。这种描述似乎是不正确的，但在传统的教师专业生活中，确实存在不仅与学生有隔离，而且还经常与学校中的其他教师、同事相隔离的现象。

教师专业发展需要教师保持开放的心态，随时更新教育信念和专业技能。为此，教师要充分发掘、利用各种可利用的有助于自我专业发展的资源，要突破目前普遍存在的教师彼此孤立与封闭的现象，学会与同事、同行进行专业合作与交流。首先，教师要加强学科内部同行之间的交流。如参加研讨会和观摩活动等。特别值得重视的是，在网络环境优化的条件，通过局域网或因特网开展的交流合作活动明显具有高效便捷的优势。这种交流不仅有利于开拓专业视野，丰富专业内涵，了解各地的教育教学动态也是极为有益的。

四、改进民办高校教师的队伍结构

第一，全面推行师资强校发展战略。民办院校要高度重视师资队伍建设，并将其纳入重要的议事日程，全面推行师资强校的发展战略。同时，民办院校要制订师资强校的远景规划，全面规划学校未来 5～10 年内的师资队伍建设规划，并予以实施。

第二，引进高层次师资。民办高校要引进高层次师资，以提高办学层次和办学水平。首先，在引进高层次师资工作中应打破常规，以多途径、灵活多样、多形式的方法引进高层次师资；其次，完善高层次师资引进的有关管理制度。从招聘、面试、录用，一直到合同期满，每一环节都应有规范的操作制度，并严格执行相关的操作制度，同时还要有切实可行的高端师资管理办法，杜绝徇私舞弊的现象。

第三，处理好引进师资各方面的关系。首先，民办高校要处理好原有师资和引进师资的关系，鼓励原有师资要以大局为重，尊敬引进师资，同舟共济，共同开创学科领域新局面；其次，民办高校也应对本土师资给予高度关注，适当提高工资待遇，留住优秀人才，稳定师资队伍，为提高学校的影响力奠定基础；最后，高层次师资一旦引入，民办高校应充分发挥他们的智力资源优势，解决专业学科领域中的难题，鼓励和支持他们在创建一流大学、一流学科、一流学院和一流专业中做出贡献。

第四，广泛储备民办高校师资队伍。目前，我国实行的教师资格认定只限于教育系统，应打破这一局限，在其他系统只要符合教师资格条件，又愿意从事教育工作的，经过岗前培训考核合格者，应给予教师资格认定，为民办高等教育的发展广泛储备各类社会人才，是民办高校师资队伍建设的有效途径。

第五，尽可能使教育资源共享。一般而言，各学校的教师不能互相流动，每个高校都在千方百计建立本校教师队伍，各高校之间很难实现教师资源共享。这样，民办高校师资队伍更加短缺，又造成部分教师资源闲置浪费。基于此，可以制定有关政策，打破师资管理中的封闭状态，形成教师资源共享管理机制，改变教师队伍结构，彻底改变各高校之间教师难以流动的被动局面，实现资源的优势互补，促进民办、公办教育共同发展。

第六，对教师队伍的结构做出调整。在建设教师队伍时，对各个年龄层的教师要进行平衡筛选，使每个年龄层都尽可能有相同的比例，这会减少教师之间工作交流上的不便，有助于更好地进行工作。

第七，增强民办高校教师的归属感。首先，对于民办高校师资队伍建设工作，其采用人性化管理模式能够为教师发展创造一个良好的发展空间，同时还能够明确教师晋升机制，保证民办高校的教师能够得到同公办高校相同的待遇，增强教师的归属感等。其次，人文环境建设工作是促进院校发展的另一项重要内容，通过人文环境建设工作能够为学生和教师提供一个更加宽松的环境。再次，教师的精神追求一般情况下都要优于物质环境建设，加强人文环境建设能够在满足教师需求的基础上为其制定合理的管理制度。最后是机理机制，教师是一项神圣的职业，但其同样需要满足自身的需求才能更好地投入到科研中，而机理制度的建设和完善是对教师的一种肯定，这样能够激发教师的教学积极性，提高教师的教学质量。

五、稳定民办高校教师的职业流动

第一，制定教师继续教育制度，引入竞争机制。与公办高校相比，某些民办高校不仅仅只注重教学质量，在很大程度上更注重学校的盈利情况，因此，为了能够最大限度地获取利益，一些民办高校在教师培训费用上是非常节省的，甚至为了完成教学任务，把课程直接分配给没有经过培训的青年教师，这不仅会增加青年教师的工作量，还会导致教学质量的下降，使青年教师根本没有时间进修，提升自己。所以高校应投入相应的资金让青年教师进行继续教育，并把继续教育作为考核、晋升的要求，这是提升教学质量的有效方法，青年教师通过进修、培训还可以成为学校教学和管理的骨干力量。

第二，建立兼职教师人才库，提高教学质量。兼职教师人才库的建立需要政府的大力支持，应鼓励各公办高校教师利用自己的空余时间加入兼职教师人才库中，而民办高校可以从人才库中挑选符合相应专业、时间要求的教师进行授课，这样不仅可以减少民办高校的投资，也可以对人才进行合理化的配置，与此同时，还可以缩小民办高校与公办高校的差距，提高教学质量。

第三，改善建设外部环境，强化队伍的稳定性。只有不断改善民办高校师资队伍建设的外部环境，才能为强化师资队伍的稳定性提供重要的基础保障。一方面，积极宣传相关规定，让社会和教师均能够改变对民办高校的传统看法，以正确的眼光和态度对待民办高校；另一方面，应不断落实经费支持和人才流动机制建设，让民办高校获得更多资源，推动民办高校整体实力和社会形象的提升。此外，应当完善教师队伍的福利待遇机制，让教师在获得社会认同感的同时，能够在待遇差距方面与公立高校教师越来越小，强化对教师队伍的物质保障。不断提升教育内涵水平，强化管理并突出民办特色，让教师队伍的认同感增强，对于稳定性得到强化。

第四，改善外部环境。对于民办高等院校的师资队伍建设工作，改善外部环境具有非常重要的作用，首先，民办高校需要根据教育部颁发的相关规定将社会上的各种负面影响消除，同时为民办高校树立正确的形象，另外，民办高校同公办高校之间需要在安全感和价值感等方面靠拢，逐渐完善教师的各种福利待遇等，这对院校自身的发展和师资队伍的建设具有非常重要的作用。

为此，需要尽快制定有效的措施，将民办高校的教师问题进行系统化的统计，同时重点解决民办高校教师的个体需求，将民办和公办高校之间的差距逐渐缩小，这样能够进一步增强民办高校教师的归属感等。需要注意的是，民办高校需要加强自身的内涵建设，创设合适的人才培养模式，加强教师管理等。

六、引进民办高校教师的优秀人才

学校应以学科建设和专业建设为主线，根据引进人才类别以及专业和岗位特点，结合本校实际情况来制定不同的招聘办法和引进方案。主要有学科及专业带头人等高层次高学历人才、具有专业背景的技术型人才和主要承担教学任务的人才。对于高层次高学历人才，应重点考虑发挥其在学术研究工作上的优势，为其提供良好的科研条件，并根据实际水平直接聘任为相应专业技术职务，吸引高层次人才到校工作。对于从相关企事业单位引进的技术型人才，用人部门应考虑其丰富的实践经验，安排能够充分发挥其特长的课程进行讲授，做到人尽其用。

（一）确保引进人才质量

随着国家对民办教育事业的支持，部分民办高校在人才引进方面已经取得了较大成绩，但从总体情况而言，仍然存在重数量轻质量的现象，许多民办高校为了建成一定规模的师资队伍，往往忽视了师资队伍质量是提高教育教学质量的决定性因素这一关键问题。要解决这个矛盾，就要求学校的教学管理部门、人事管理部门、各教学单位等共同研究，创新人才引进机制，规范人才引进程序，保证引进人才质量。

第一，采取多形式和多渠道引进各级各类人才，提高高层次高学历人才的比例。相对于公办高校而言，民办高校的人才引进更具灵活性和自主性。对于一些专家型人才，本着"不为所有，但为所用"的原则，采取聘任为兼职教授或客座教授、短期聘用等方式，引进其智力资源。

第二，在解决师资总量的前提下，兼顾教师队伍的年龄、学历、职务（职称）、学科结构等因素，从招聘抓起，改善师资队伍结构，提高师资队伍质量。

（二）关注教师人才管理

依托学科建设和专业建设，合理设置教师岗位，完善教师岗位聘任制度。当前，民办高校教师队伍年龄结构、职称结构呈现明显的哑铃形态，不利于学科专业的发展。为此，高校应科学设置教师岗位，打破年限、资历等条件限制，鼓励青年教师竞争上岗，让优秀的教师脱颖而出，尽量通过内部途径解决师资队伍结构不合理的问题。

建立良好的激励和竞争机制，调动教师的工作积极性与创造性：一是要根据学校发展需要，积极推动人事制度改革，实行教师的岗位管理；二是逐步建立科学合理的分类考核评价体系，避免考核评价流于形式，不能发挥正面导向作用；三是要灵活采取物质激励、精神激励等方式，提高教师工作满意度，进而稳定师资队伍。

引导和帮助教师制订清晰、明确的职业发展规划。民办高校的人才流动性过大是一个不争的事实，其中一个主要原因就是许多年轻教师在选择职业的时候，未对自己的职业生涯进行规划，因此，学校需要帮助教师制订好自己的职业发展规划。在这个过程当中，既可以将学校文化和发展理念更好地灌输给教师，也可以及时掌握教师的个性化特征和职业发展动向，深入了解教师的需要、能力及自我目标，加强对教师的个体管理，且有利于师资队伍的稳定。

（三）完善人才引进机制

完善人才引进机制，优化师资队伍结构。为改变人才引进方面存在的瓶颈，民办高校应当从多个维度入手，完善人才引进机制。

第一，制订科学合理的师资队伍建设规划。强化人才的引进力度，将高学历和高职称的骨干教师作为重点引进对象，通过改善福利待遇，优化办学环境等方式，在积极引进机制的同时尽可能留住人才，让其拥有更佳的未来发展空间以及学习培训的机会。通过完善岗前培训机制、在职培养机制等，让教师能够通过继续教育实现进一步的素质提升。此外，针对青年教师进行重点培养，实现其快速成长和提升，防止出现人才断层问题，优化师资队伍结构。

第二，完善科研、教学改革和学科建设、教育创新等，让青年教师发展为教学科研型人才。

（四）提高引进人才待遇

第一，落实绩效工资待遇。不断增加教师收入，发放绩效工资是稳定师资队伍的关键，合理、公平、较高的绩效工资有利于吸纳人才、稳定师资队伍。民办高校要建立科学合理的薪酬标准，并实行优劳优酬、多劳多得。另外，民办高校领导要对落实绩效工资待遇给予足够的重视，并尽早制订相关实施方案，督促相关人员尽快办理，从而充分调动教师的工作积极性。

第二，提高教师的工资福利。真正使教师提高工作质量的不仅仅是为人师表的责任，还有高薪资的待遇，要使教师对工作更加上心，提高薪资和福利待遇是必不可少的。民办高校要想提高竞争力，建设比公立学校更为优质的师资队伍，薪资待遇应比公立学校更好，这样才能吸引优秀的教师。同时，学校对于优秀教师要给予相应的奖励，提高教师的积极性，这种鼓励性的措施会使教师形成良性竞争，提高教学水平。

第五章 民办高校品牌建设中的教育管理创新

第一节 民办高校的分类管理与教学管理创新

一、民办高校的分类管理

民办高校分类管理"是促进民办高等教育健康可持续发展的前置条件，也是民办高等教育综合改革的突破口。"①分类管理无论是政策构建还是实施方案，都涉及一系列的制度创新，并没有成型的经验和模式来遵循。分类管理是我国民办高等教育治理最基本的制度设计。民办高校分类管理的实质就是通过认定民办高校的法人属性、构建完全的产权制度，使制度供给与民办高校发展的实践相适应。促进分类管理政策的落地，应该以促进民办高等教育事业健康发展为根本目的和战略取向，扩大不同类型民办高校发展的制度空间，以差异化的政策支持民办高校持续发展。

分类管理是世界私立教育发展的重要经验，但源于民办教育发展的阶段性与特殊性，我国民办高校最初实行的是非营利性管理制度，所以"私立教育式"的分类管理政策在我国一开始并不存在。随着国家对民办学校进行营利性与非营利性分类管理，采取措施留住现有民办学校，同时进一步吸引社会力量办学，促进民办教育事业的健康发展，我国民办教育已经进入了分类管理的时代，民办高校分类管理已成定局。

（一）民办高校分类管理由来

20 世纪 80 年代后，民办高校开始恢复办学，从最初的助学机构到后来的民办普通高校，办学模式逐渐发生变化。与此同时，民办高校举办者结构复杂化、办学诉求多样化，由于缺少相关的制度设计，不少举办者的办学诉求难以得到满足。因此，区分不同举办者的办学诉求，对民办高校分

---

① 李晓科.民办高校发展现状与对策研究[M]. 长春：吉林人民出版社，2018：54.

类管理，应该成为民办高等教育治理最基本的制度设计。

民办高校恢复办学时，其发展面临的首要问题是身份地位的合法性，早期的举办者多为离退休老干部、老教师，囿于当时的经济条件，民办高校缺少开办资金，多以培训和自考助学为主，依靠学费剩余滚动发展，处于"无场地、无师资、无设备、无政策"的发展状态，以谋求合法地位、解决生存问题为主要目标。随着经济社会发展的需求和高等教育自身发展的需要，民办高校逐渐凭其贡献在社会上形成了一定的影响力。随着国家开始鼓励社会力量举办教育事业，民办高等教育的地位逐步得到了认可，存在具有合法性，从而真正刺激了社会力量办学的热情。一些具有独立颁发大专和本科学历文凭的民办高校相继诞生，民办高校的办学形式发生了根本性变化。一些具备资金条件的投资者进入了民办高校，民办高校办学规模不断扩大，成为我国高等教育体系的重要组成部分。同时，面对着机体的自然衰老，不少初创者离开了学校，举办者进行了变更。所以，与初期的民办高校相比，学校的举办主体已经发生了重要变化，主要包括继续办学的初期创办者、部分继承学校控制权的接班人以及有一定经济实力的投资者。在此过程中，民办高校主要形成了三种办学模式：一是滚动办学，即举办者在办学伊始没有或只有少量原始投入，主要利用学费剩余滚动发展；二是出资办学，即举办者在办学初期投入大量资金，而后通过学费剩余滚动发展；三是捐资办学，即举办者在办学过程中把学校法人资产无偿捐赠给社会。

民办教育的发展与民营经济的发展具有同步性，民办教育发展要受经济发展的影响。民办高等教育快速发展的时期也是我国经济迈向市场化的时期，民营经济为民办高校提供经费支持的同时，思维方式也影响着民办高校的举办者，典型表现是办学诉求的变化。在初创阶段，民办高校难有可分配的办学剩余，而那些举办或参与举办的老干部、老教师自身并无多少经济方面的诉求。所以此时的民办高校都是非营利性的，还谈不上分类管理。随着创办者逐渐凭贡献形成了对学校控制性的影响力，面对学校财产，他们有了更多的财产保护意识，且对办学回报具有很强的认同。对后来有资金投入的举办者而言，虽然先期投入与学校形成的资产规模相比微不足道，但他们在资金集聚以及民办高校的创建与发展方面发挥了至关重要的作用。作为出资人，他们往往都有办学回报的需求，有的还希望像企业那样获得经营利润，所以学校对外展现出一定的营利性。

当然，我国还有少量捐资办学的民办高校，举办者因其无偿捐赠行为而不要求产权和回报，也不能谋求控制权和继承权，这些学校是非营利性民办高校。由此来看，民办高校既有不要求办学回报的非营利性学校，也有要求办学回报的非营利性学校，还有部分营利性诉求的民办高校。面对变化了的形势，为了进一步吸引社会力量办学，同时留住现有民办高校，在尊重投资办学的基础上，需要区分不同举办者的诉求，形成分类管理的制度。

（二）民办高校分类管理实质

民办高校管理应该在顶层制度设计上进一步区分不同类型学校的法人属性，从而赋予其相应的法人身份，进行差异化管理，也就是把原来的非营利性民办高校分为营利性民办高校和非营利性民办高校两类，进行分类管理。由于法人的必要前提为财产，所以民办高校分类管理实质上是要解决好法人属性和产权制度问题。

1. 合理认定民办高校法人属性

长期以来，我国民办高校实行的是双重管理制度，教育行政部门作为审批机关与业务管理机关，审核民办高校的办学能力，为其颁发办学许可证；其他政府部门（如民政和编办）是法人登记机关，为获批民办高校进行法人登记，赋予其法人身份和相应的法律地位。在程序上，政府机关首先对民办高校进行审批与分类登记，最后才是相应的政策管理。由于分类登记的是法人资格，所以分类管理先面临的是法人属性问题。

法人属性是组织法人类型的归属，是对不同法人形态的组织结构和行为规则系统化抽象的结果，即组织的结构和行为运行应该成为组织法人属性划分的依据。法人属性是法人立法体系的前提，如果法律对组织的法人性质定位不明，就很难从各种法人形态中提取公因式，进一步做出一般规定。面对社会组织的复杂性，只有从法律上做出区分，才能相对明确组织类型的界限，因此法人应该依据法律而设。组织法人一般可以分为企业法人、机关法人、事业单位法人、社会团体法人，也可称为企业法人和非企业法人。由于这种划分不是依据组织的结构、行为规则或所从事的业务活动的性质，而是组织的所有制身份，所以这些法人类型不能清晰地展现各法人本身的特点、概括所有法人的范围，造成了法人性质的模糊，实践上也会造成各种困难。

民办高校依法律而设，自设立之日起就取得法人资格，其法人归属应该是上述四种法人类型之一。在业务活动性质上，民办高校与其他教育机构一样，从事的是公共性教育事业，进行专业人才的培养。如果从职能性质来看，民办高校应该具有法律所授权的行政主体之公法地位，应该具有同公办高校同等的法律地位，都属于事业单位法人。法人是为一定目的而设，但由于法人并非自然生命体，所以法人本身并不存在目的，不过是设立者借以实现某种心理预期和客观效果的组织体。法人目的归根结底是其设立者借助法人制度所要达到的个人目的。

民办高校是举办者借以实现公益或私人目的的法人组织。非营利性是民办非企业法人的基本价值定位，在民办非企业法人制度框架内，民办高校的举办者选择合理回报与否、投资办学或者捐资办学与否，所面对的法律是一样的，所以各类民办高校的法律地位也是一样的。投资者想要获得回报，但由于相关规则可操作性差，有的还没有收取法律意义上的回报，有的则通过关联交易获取了部分利益；一些举办者比照企业法人的形式建立了民办高校，但由于被定位于民办非企业单位，举办者事实上从中得到了企业法人和非企业法人的好处。民办高校办学只要以投资为手段或目的，就必然存在营利性，这种营利性若不被合理利用，就可能出现明显的或潜在的问题。

以上分析可以看出，法人组织属性已经成为民办高校发展的根本性障碍，要解决民办高校发展的根本问题，就应该明晰营利性和非营利性民办高校的法人属性，或通过法律政策明确认定民办高校的法律身份或地位。民办高校分类管理主要是对投资举办的民办高校进行法人属性归属，进一步规范登记为民办非企业单位法人的民办高校，使愿意成为真正非营利法人的能够名副其实，也使愿意营利的民办高校能够名正言顺地成为营利法人，在阳光下营利。在不同法人属性下，民办高校可以获得不同的政策待遇，实现公平竞争、共同发展。

2. 合理构建"完全的"产权制度

随着高等学校的法人资格及其民事主体地位被确定，大学法人产权制度确立，大学组织作为法人享有学校法人财产所有权，大学产权是一种权利束，所有权是其核心。投资者所投入学校的财产应该过户到学校名下，形成学校的法人财产。从法律效果来看，这是一种强制性的教育捐赠，投资者因其出资行为创设了民办学校的法人资格，而让渡了初始产权和其他财产权利。民办教育分类管理的推行，应该从源头上解决民办高校发展的制度障碍，合理构建"完全"的法人产权制度。

法律法规都有其价值定位，民办高校政策、立法的价值在于吸引社会力量依法投资办学，坚持社会力量办学的公益性。为了吸引出资者办学，制度设计应该明确产权归属，建立权责一致的产权制度，为此应该重点解决民办高校的财产归属和回报的问题，即所有权与收益权等问题。不过，非营利性的教育捐赠与现实的教育投资存在着矛盾：一是投资包括实物出资与人力资本投入，制度没有清晰界定投资行为。举办者有货币资金或其他物质形式的投入，是法律界定的出资办学；举办者以各种形式的贷款、借款作为学校的初始投入，虽然不是实物出资，但其经营行为可视为人力资本投资。相对于出资的明确性，人力资本投入很难界定，举办者却认为自己是法律意义上的投资办学，应该享有学校产权。二是积累回报作为举办者获得合法收益的唯一途径，没有清晰界定积累资产如何处理。三是增值资产是学校良好经营的结果，没有清晰界定增值资产如何处理。利润分配是非营利组织与营利组织的主要区别，如果增值资产都归举办者，那就在形式上形成了利润分配，违背教育的非营利性原则。但举办者辛苦经营的增值资产归国家或社会所有，明显是让他们承担办学风险却不能获取收益，这显然不符合他们的诉求。

基于投资办学的现状，民办高校产权制度实质上解决的是投资者的产权权益问题。在产权制度不清晰，又存在合理回报的情况下，很难形成一个全面扶持民办高校发展的政策体系。明确产权归属是营利性和非营利性民办高校区别的最重要的标准之一，也是民办高校实现分类管理的逻辑前提，而最基本的就是进行产权制度的设计。对各种资产进行合理的界定，有利于解决举办者的后顾之忧，也有利于政府对民办高校的科学管理。

（三）民办高校分类管理要求

分类管理是民办高等教育未来发展的必然趋势，民办高校分类管理的可行性在于其效用性，即能够促进民办高等教育事业的健康发展。营利性与非营利性民办高校共同发展的趋势何以可能，主要应该使制度模式与民办教育的发展现状相适应，以促进民办高等教育事业健康发展为根本目的和战略取向，扩大不同类型民办高校发展的制度空间，形成差异化的政策，分类支持民办高校持续发展。

1. 推动民办高等教育事业健康发展

保证营利性与非营利性民办高校共同发展，形成民办高校类型结构的整体平衡，促进整个民办高等教育事业的健康发展是分类管理政策的预期。

实施分类管理之后，民办高校发展的制度架构将产生变化，但民办教育投资主体多元化的格局没有改变，社会力量投资办学的根本特征更没有变化。由此，不能制造一元化的选择路径，让民办高校举办者一边倒地选择非营利性或营利性民办高校。如果在全国或某个区域只有非营利性民办高校或只有营利性民办高校，就达不到这种预期，就不能叫分类管理。

现有民办高校以投资办学为主，但大多数民办高校并没有形成资产的经营性。换言之，在捐资举办的民办高校和投资经营的民办高校之间，有大量的第三类型的投资举办的民办高校。这些投资主体没有形成财产捐赠行为，虽然有的举办者有投资回报的诉求，但因为没有形成资金经营关系，且不要求分配利润，依然属于非营利性法人。所以在界定营利性和非营利性民办高校时，不能以是否捐资为依据判断。

我国民办高校分类管理允许一部分学校注册为营利性法人，允许举办者在保证学校发展的前提下从办学结余中获取利益。营利是民办高校发展的必要条件，在社会力量投资办学体制下，没有经济手段的刺激，既不利于吸引社会闲置资金，也可能会对现有举办者扩大投入的积极性产生抑制性作用。高等教育办学质量提升的过程也是不断加大投入的过程，对于民办高等教育而言，民办高校办学质量提升的过程，不但是举办者加大投入的过程，更是举办者通过科学合理的方式有效降低办学成本、扩大办学效益的过程。因而，营利性与非营利性民办高校的根本区别不是要不要办学效益，而是办学效益归谁。在育人问题上，并没有根本的区别，为社会培养人才是他们生存的前提。社会对民办高校的选择本身是大浪淘沙的过程，当前生存下来且发展很好的民办高校必然有其办学特色。从长远来看，民办高等教育资源将逐渐由配置性资源过渡到竞争性资源，如果不能把社会价值最大化，而一味把经济利润最大化，营利性民办高校也会被社会自然淘汰。所以，民办高校分类管理应该以法人责任为核心，构建营利性与非营利性民办高校共同发展的制度，促进整个民办高等教育事业的健康发展。

2. 分类管理支持民办高校持续发展

分类管理是政府管理与服务方式的变革，分类管理之后，民办高校的管理模式将转变为营利性与非营利性的对称性管理，而不是完全的非营利性管理。营利性与非营利性私立高校共同发展是分类管理的政策目标，但实践中各国主要发展非营利性高校，营利性高校所占比重还是比较小。从民办高等教育发展而言，保证举办者的积极性能极大地促进民办高校的发展，将有利于举办者进行营利性与非营利性选择，保证举办者个人的物质利益、帮助举办者发展事业从而保证其社会美誉度应该是两个基本点。

保证举办者个人的物质利益,有利于举办者的自主选择,促进民办教育促进法的落地实施,分类管理制度所要面对的核心主体是举办者,财产问题是影响举办者选择或反对的关键性因素。举办者自主选择法人类型的核心动力机制是产权激励,在社会力量举办体制下,民办高校分类管理制度先要保证非捐赠性举办者的财产权益,由此应该特别关注的是补偿与奖励问题。应该根据实际和举办者的需求认定初始投入资产和积累的资产,在鼓励继续办学和稳定发展的前提下,可以在办学过程中通过办学积累逐步公开补偿和奖励,并鼓励他们把补偿与奖励作为办学资金用于学校发展。

分类扶持,帮助举办者办好学校,为举办者自主选择提供动力支持。分类管理后,应该明确差别化的配套政策,使营利性与非营利性民办高校享受不同的政策激励,给予举办者明确的预期,从而推动分类管理政策落地。分类管理后,新的政策体系一方面应该利用市场机制,引导社会力量投资,增加教育供给;另一方面要形成非营利性与营利性民办高校在财政、税收优惠、用地、收费等方面享受差别化扶持政策。新的政策应该立足于帮助举办者降低成本、办好学校,同时减轻自身提供高等教育服务的压力。政府可通过财政补贴、购买服务、基金奖励、捐资激励、土地划拨、税收减免等方式给予扶持。而区别性政策体系的重点应该是对非营利性民办高校大力扶持,真正落实非营利性民办高校与公办高校同等地位,更能体现出国家扶持非营利性的方向,具体而言,主要应明确非营利性民办高校可以享受与公办学校同等的生均经费、税收优惠和用地政策,还可以享受其他扶持措施。差异化扶持是发展民办高等教育事业的两种机制,它可以形成不同的心理预期,充分激发制度的活力,使民办高校发展的格局与分类管理的政策目标一致。

二、民办高校的教学管理创新

随着我国高等教育的不断发展,教育模式由传统的"精英教育"逐渐向"大众化教育"转化。近年来,民办高校得到了高速发展。我国的民办高校虽然在数量上得到了非常迅速的发展,但是也面临着如何提高学院教学质量等现实的难题。通过优化人才培养模式、创新教学管理改革、提升教学管理质量等,建立科学的教育教学体系,为民办高校教学管理理论建设和发展提供支持。

高校的教学管理工作是高校的中心工作。当今社会伴随市场经济的不断发展,科学技术的不断更新,民办高校对人才培养的目标也发生了变化。高校应构建适应时代发展的教学管理模式,规范的教学文件,合理的师资队伍,素质过硬的教学管理人员,科学、创新的管理理念,先进的数字化管理设备,健全的质量评估体系,适应时代的不断变化和竞争,推动民办高校的长期发展。

（一）优化人才培养模式

优化民办高校人才培养模式是提高人才培养质量的必然选择,综合型人才培养、应用型人才培养、研究型人才培养,针对不同类型的人才培养策略,高校通过通识教育、以专业技能为基础的职业教育、渗透前沿科学的学科体系、文理交叉的综合学科等为人才培养提供资源保障。人的全面发展理论,即为学生搭建符合学生成长成才的平台,实现"个性自由",体力与智力、知识与能力协同发展。在人才培养上我们要相信每个学生的潜能,开展个性化教育,充分挖掘并激发学生的智力强项。民办高校在激烈的市场冲击下能否持续健康生存与发展,关键在于突破人才培养模式单一固化的困境,革故鼎新培养出受市场欢迎的人才。优化人才培养模式可以从以下方面着手:

（1）市场为导向制定培养目标。高校人才培养的目标直接反映社会对人才的需求,只有在人才培养上符合社会发展的需求和认可,才能满足社会与学生的期望。因此,民办高校应建立起职业素养、综合应用能力、实践动手技能三位一体的、以就业为导向培养目标。而这种三位一体又要避免"同质化"倾向,高校要充分了解本地产业结构,深入生产技术前沿,结合自身的办学优势,科学设置三位一体下的细分目标,发挥自身的独特性。

（2）人才培养规格分层细化。根据多元智力理论,学生的智力结构呈现差异化,为充分激发每一个学生的潜能,人才培养规格要切合实际地进行细化分层,这种细化要落实到专业设置和课程分类上,无论是理论教学还是实践教学,都要保证知识的应用性,紧跟市场需要。

（3）提升学生实践能力。教师的教和学生的学首先要紧扣培养目标,在此基础上着力培养学生的实践能力,例如,利用校内外资源为学生提供实践教学基地,校企合作构建实践教学体系,根据专业特色为学生提供多元化的实习实践途径等。在实践教学的评价机制上,要分阶段、多途径、全方位考核,科学构建评价体系,适时给予激励措施,激发学生学习的主动性,提高专业知识的应用能力。

教学计划与培养方案作为民办高校开展人才培育工作的设计蓝图，是其确保教学质量提升、培养规格合理的重要指导性文件，并且在安排教学内容、规定培养规格、选用教育模式等诸多方面发挥着巨大的作用。所以，为进一步适应经济发展要求、民办高校办学实际以及日益变化的教育需求，在确保培养方案顺利实施的前提下，我国民办院校应当对不同专业的教学计划进行必要的修订与完善。在此过程中，还要强调各专业具体的培养目标、基本规格等，整合课程教学资源，精心安排教学环节、课程设置以及学时分配，凸显民办高校的专业特色与人才培养理念。

很多民办高校都将培养目标设定成培育精通外语、熟知计算机技术、公关能力强、懂得两门以上专业、综合素质高的复合型人才。具体做法是，各院系应结合自身的特色，分解整体培养目标，落实到每个年级段、每堂课教学中，制定适宜的培养规格，合理设计知识目标、技能目标、评估手段、教学方法和课程设置，从而实现分层次人才培养、过程培养。此外，民办高校教师在提升教学质量和效率的同时，还需要组织并策划丰富多彩的课外活动，出台一些可行的活动方案，将培养目标贯穿于活动的整个过程，制定出规范的考评标准以及系统的活动计划，定期邀请专家或学者开展知识讲座、学术报告会等，要求各班组织学习俱乐部，分享自己的学习心得和体验。上述活动不仅有利于提高大学生的交际水平，而且更重要的是创造了良好的学习氛围，能够无形之中获取除课堂以外的实践知识，有效地弥补了专业课程教学的空白，以此为民办高校培养复合型人才奠定牢固的基础。

（二）创新教学管理改革

民办高校相对于公办高校而言，有两个突出优势：一是办学机制较为灵活；二是运行模式上，虽然也追求教育的社会公益最大化，但是学校的生存法则和基础决定了办学的社会效益与经济效益相兼原则。由于民办高校的局限性，民办院校的管理模式大概有三种：一是企业模式，过多地注重经济效益而忽视教育规律与教学质量；二是学术模式，只注重学术性但是忽略了经济效益影响了可持续发展性；三是部队模式，偏重纪律和制度，不能适应学校环境的变化，忽视了学生的个性化发展。

民办高校应将教学管理提高到学校发展的战略高度，教学管理是现阶段民办高校生存和发展的生命线，应在全校范围内得到广泛的共识。首先，全体员工要有质量意识。要求学校每一名员工都把提高教学质量作为工作追求的目标，而不是混日子，学校就有发展的希望。其次，全校工作重心紧紧围绕教学管理进行，树立教学管理中心环节的观点。针对教学管理中遇到的实际情况，结合管理学部分原理对教学管理进行部分改革和创新。

1. 确立"以人为本"理念

民办高校的两大主体是学生和教师，要形成以学生为主体，教师为主导的教学管理理念，具体体现为以下方面：

（1）以学生为本。随着社会经济的不断发展和社会的进步，民办高校间的竞争越发激烈，家长和学生在众多高校的选择下，那些将学生利益放在首位、办学理念合理、办学思路明确、师资结构科学、软硬件设施完善、教科研水平成果突出的高校显然更会受到广大家长和学生的关注。高校的主体成员是学生，高校作为人才培养的重要基地，首先，要从社会根本去考虑，培养什么样的人才才能适应社会的发展以满足经济体制的不断变革；其次，学生是学校发展的根本，学生是与外界联系的重要途径，是重要的传播者；也代表了学校的形象，让学生充当信息传递的"使者"具有战略意义。

（2）以教师为本。教师是高校教学任务的具体实施者，是学校的重要资源。所以，民办高校教学管理必须以教师为本。高校作为教师的载体，要提供给教师学习和进修的机会和平台，培养高、精、尖的一线教师，培养"双师型"教师。通过教师自身素质和专业水平的提高来保障教学质量的提高。首先，要制订教科研计划，鼓励教师开展各类教科研项目，通过对教科研项目的研究提高教师的教研水平和科研水平，从而达到提高教学质量的目的。其次，制订各类教学比赛计划。高校通过教学比赛的形式，教师间相互交流，评审专家的指点，教师找到自身教学中的不足，以此提高教学水平、保障教学质量。最后，发挥高校的财政支持，通过奖励激励的机制，充分发挥教师的主观能动性，提高教师教学的工作积极性，增强教师教育、教学、教研的工作热情。以教师为本还体现在教师自身。思想上，教师要明确自己的岗位职责，要知道自己肩负的责任和使命，教师要自尊、自爱；更要行为示范、为人师表。工作中，教师要多学、多看、不断更新知识；开拓、创新，从而保障教学质量的提高，以满足社会发展的需要。

综上所述，只有以学生为本、以教师为本，两者相结合才能做好高校教学管理工作，才能使教学工作不断向前推进。

2. 加强教学管理制度建设

现阶段民办高校教学管理制度上还存在一些缺失和不足，管理者往往考虑得并不全面与实用，导致管理制度的出台过于随意，缺少理论实践与研究。教学管理制度缺乏民主性，调动不了广大师生的工作动力、学习动力。不能保证教学工作的有利开展，阻碍了教学质量的提高。因此，教学管理制度建设的首要工作是管理制度的规范化、民主化和科学性。高校教学管理制度首先要规范化，建立健全的教学管理体系，明确岗位职责划分，对教学管理人员要分工明确，提高效率。其次是民主化的教学管理制度，要做好充分的准备工作，组织专业、专项的人员对教学管理工作进行调查、研究、分析和研讨，保障教学管理制度的合法性、合理性、操作性、先进性。最后要构建科学的教学管理体系，制定有效的奖惩机制和激励办法，调动教学管理人员的工作热情和工作积极性，推动教学管理人员的发展与提升。

3. 建立教学质量评估体系

高等学校的根本任务是人才培养。提高人才培养质量的重点是提高教学质量。教学评估是评价、监督、保障和提高教学质量的重要举措，是我国高等教育质量保障体系的重要组成部分。完善教学质量管理监督机制，设立各级听课制度和评课制度、增加学生评教次数、让学生融入教学环节等一系列制度长期化、规范化，作为评估教学质量的重要方法；将课堂、实验、实习、毕业论文、考查考试等作为评估教学质量的重要依据；坚持"一切为了学生，为了学生的一切"的办学理念，通过多种形式，请专家、教授、同事、学生为教师的授课做出评价、给予建议等，帮助其提高教学质量。

（1）提高教学管理水平。随着高等教育事业的不断发展，各高校招生规模的扩大。民办高校的办学能力也将进一步加强，扩大师资规模、增强专业建设、强化教学管理，保障教学质量的提高，促进教学事业的稳定发展。"以评促改、以评促建、以评促管、评建结合、重在建设"，建立科学的教学质量评价体系，改变过去传统的教学管理理念，用科学、系统、多元的评价方式来提高教学质量，以此推动教学工作的有效开展。

（2）开展学校自我评估。民办高校应建立本科教学自我评估制度。根据学校的人才培养方案，结合民办高校自身的办学理念、学校定位、院系特色，围绕教学设施、教学运行等进行院系评估和专业评估，注重教师和学生对教学工作的评价，注重教学资源利用效率的评价，注重人才培养质量的评价，建立健全教学质量评估体系。

通过评估整改，找到民办高校自身不足，发现改革新方向、创新新思路、建设新目标，从而使民办高校自身的发展前景越来越清晰。同时也要接受教师、学生和社会各界对民办高校的监督与评价。通过学生对高校认可度的提高，社会对民办高校关注度的加强，为民办高校树立一个公正、公开、严明的办学态度和办学理念、扩大办学规模、提高知名度有一定的促进作用。

4.开展教学管理信息化工作

随着科技的不断进步和发展，当今社会已进入到信息时代。高校作为人才培养的重要单位，建立信息化的高校教学管理模式也是必然趋势。信息化应用既节省人力资源，又能提高效率。教学管理信息化便于高校学籍管理和教学管理信息的提取、修改和查询。教学管理过程规范化，避免了教学过程中的随意性，减轻了劳动强度，增强了数据的准确性。开展教学管理信息化工作可以使教学资源共享。教学资源的共享既有利于教师教学，又有利于学生学习和自学，微课、慕课、精品课程等资源也实现了共享。要想加快信息化教学管理建设，软件和硬件设施都要配备合理、科学。同时，还需要专门的软、硬件管理人才进行维护、升级，对实际运用软、硬件的教学管理人员进行培训，以此来提高教学管理工作的质量，使教学管理工作朝着全面、长远、信息化的方向发展。

（三）提升教学管理质量

随着高等教育的跨越式发展，以及向大众化阶段的过渡，各高校逐步呈现出多样化、多层次的办学趋势。而民办高校凭借系统的办学机制开启了高等教育改革的新局面，同时也缓解了教育资源短缺的矛盾，充分满足了人们的教育需求。经过不断完善与发展，民办教育已初具规模，彰显民办特色的同时，还促使我国高等教育迈向多元化、国际化、市场化的发展轨道。因此，民办高校无论在日常管理中还是办学历程中，都必须紧扣人才培养任务，坚持以教学工作为中心，树立起"质量第一"的生命线思想，构建科学的管理运行体系，从而进一步增强办学管理水平，提升教育教学质量。

1.推动课程建设，提高教学质量

课程开发与建设作为民办高校教学的基础，不仅是专业发展的前提，是提升教学质量的核心，而且也是实现培养目标的主要路径，是增强整体办学能力、深化改革的根本保证。为促进教学内容、课程体系以及教学模式的革新，全面实现课程教学目标，提高办学管理水平，各民办高校相继出台并实施了"课程开发与建设方案",该方案主要包括建设指导思想、基本管理要求、课程级别和目标、课程评选方式等,以此保证内容丰富、指标具体、目标明确、操作性强,同时在一定程度上提升了教学水平。因此,我国民办高校应推动课程开发与建设,革新教学内容、方法手段、实践操作,以课程建设逐步带动教材编订改革、师资队伍创建、基础设施完善,从而进一步优化教学过程,提高人才培育质量及教学水平。

2. 创建目标管理,确保任务达成

民办高校应根据自身的发展实际,建立起目标管理系统,不断拓宽核心管理内容,确保教学质量提升和阶段目标实现。目标管理系统的创建,不仅有利于民办高校下属部门顺利达成管理目标,而且更为重要的是提升教育教学质量。通常而言,民办高校在创建目标管理系统过程中必须注意三点:首先,结合各部门、各院系所担负的职责,将近些年的目标任务分解到对应的职能部门,使得部门指标与院系指标构成统一的体系。其次,协调好部门指标与岗位指标之间的关系。民办高校在梳理绩效指标及岗位职责时,强调把教学质量置于核心地位,充分彰显服务教学导向、岗位目标职能、教育保障性,要求教师保质保量地完成教学计划和任务,不断落实教学质量核心指标,在实际教学过程中应主动提出教学改革、理论教学、教学研究以及实践教学等诸多方面的目标指标。最后,签订明确的目标责任书。我国民办高校的教师队伍与管理队伍构成既有专职的、兼职的,又有来自校内的、企事业单位的,还有短期契约者、长期劳动者。所以,有必要在目标任务实施过程中签订明确的目标责任书,划分职权,处理好内在关系。当然,这也是提升教学质量的重要手段。

3. 加强师资建设,提高专业素质

高校教学管理队伍是保障教学正常运行的基础,其主要任务是维护教学过程的正常实施,确保教学任务顺利完成。随着多元化世界的到来,社会对不同人才的需要,民办高校对人才培养的任务也面临新的挑战。对民办高校教学管理队伍的专业性、稳定性、创新性等方面提出更高的要求。教学管理队伍的专业化建设已经成为高校提高办学水平、提升办学质量、提高竞争力的有效途径。

"双高"师资队伍是民办高校开展人才培养工作的前提和基础。因此,必须将师资队伍建设纳入议事日程,基于"稳定、激励、引入、培养"的思想理念,制定出切实可行的政策措施,着重培养学科带头人、骨干教师,并

以这些人为核心，构建牢固的学科梯队，充分发挥学科优势，鼓励广大教师参与教学研究活动，不断提高他们的教学水平与科研能力，进而确保专业建设顺利进行，增强教师的整体专业素质。教师队伍作为民办高校提升教学质量的重要资源之一，具有基础建设性作用。所以，应出台宏观发展政策，利用民办高校机制灵活特点，系统整合人力资源。民办高校师资队伍通常由三部分构成，即长期存在劳动关系的退休人员及中青年教师、专职教师和外聘教师。不同的民办高校有着不同人员比例，而且比例也是有所变化的，但是变化范围具有一定的趋同性。如果将这三部分进行有效整合，赋予其科学的管理制度，那么就能提升教学质量，促进教育管理的合理化。

除上述以外，还需要建立和谐的师生关系。在教学中，教师应做到关心、爱护、尊重每一位学生，给予他们更多的鼓励关怀、支持帮助，凸显内在人格魅力，不断完善自身个性；积极提高自我修养，努力拓宽知识视野，增强敬业意识和教育艺术性，使之成为合格的教师；组织学生开展丰富的教学实践活动，体现人格力量，进而为学生表现自我提供了庞大的舞台。

综上所述，教学管理作为高等教育发展的生命线，是一个集多功能、多要素的结构复杂的综合管理体系，是目前民办高校管理工作中最为复杂的一项工作，需要不断总结和探索经验，提炼具有实效性的成果，不断丰富高职教育教学管理理论，为民办高校发展做出应有的贡献。

第二节 民办高校的行政管理与财务管理创新

一、民办高校的行政管理创新

学校必须有效地进行行政管理，以提高学校的管理水平和教学的质量。调查表明，公立高校和民办高校行政管理方面差异显著，包括员工激励、职工关系、学校公派考察、资金管理行政程序，学校组织的监督，规章制度的执行情况，决策、会议组织、设备供应和学校财产保护等。

（一）民办高校行政管理的重要性

行政管理是民办高校管理的重要的一部分，它具有多个方面的综合工作的协调，监督和检查各个方面的工作和提供后勤服务等多个方面的职能，行政管理职能在民办高校的管理中发挥着越来越重要的作用，唯有不断加强民办高校的行政管理，才能使我国的民办高校的行政管理工作得到一个更大、更好的发展空间，从而使我国的民办高校能够得到更好的发展前景，使我国民办高校得到长远的发展。在教育制度改革的背景下，我国民办高校的行政管理发展会更好，我国民办高校的发展也会更好。

民办高校是对公立高校教育的补充，是公益性组织，定位为民办非企业单位，却具有许多企业属性，所以我们可以从企业管理的角度来剖析民办高校在行政管理方面的不足，然后从学校、社会等角度进行总结，解决这些问题。从各个角度来观察解决现代高校所遇到的内外问题，这将为我们解决问题提供极为宽阔的视角与思路，从而为解决问题提供极大帮助。

（二）民办高校行政管理存在的问题

随着民办高校的不断扩大和国家高校体系的深入改革，民办高校的管理模式也发生了翻天覆地的变化，行政管理单位所负责的管理范围也在随着高校的扩大、教育管理体系的改革而变化，变得更加广泛，这些也使得民办高校的行政管理面临着许多的问题。

（1）管理思想陈旧。一些管理人员对于管理理念的思想更新不够快，管理的思想理念比较落后，理论指导能力比较差，管理人员并没有很清楚地意识到关于高校的行政管理所负责的重要性，从而导致行政管理的规模与方式不能够做到国家要求的规范的效果。部分高层管理人员没有意识到高校行政管理工作的重要性与复杂性，同时，也没有注意到下一阶层的工作人员的工作能力与工作的积极性。

（2）机构设置不合理。一些民办高校的管理机构的设置并没有得到科学化的设置，各个部门的职责划分并没有清晰和明确，导致各个部门的行政分工不明确，行政管理职能发生混乱，职责不清楚，从而导致民办高校的行政管理效率低下，行政管理单位的职能成为摆设，影响高校的日常行政管理工作的正常进行，使得民办高校的教学质量明显下降，影响高校的进一步发展，高校的行政管理部门不能发挥它存在的真正意义。

（3）行政权力设置分配不合理。一些民办高校的行政管理部门所具有的权力和高校所具有的学术权力两者所占有的比例并不相等，两者的发展并不平衡，这些都会影响民办高校的长远发展。在现代的高校发展过程中，许多高校都是行政管理部门所具有的行政权力比学术所具有的权力要大很多，这使得行政权力对于学术的发展具有更大的发言权，使得行政权力对于学术发展的管理过多，干预更多，这些都不利于高校的学术发展。

（4）管理人员素质有待提高。一些高校所聘请的行政管理人员的素质并不是很高，不能够很好地适应民办高校发展的要求。一些高校对于行政管理人员的能力要求比较低，高校对于行政管理人员培训投入的资源与精力比较少，使行政管理人员的行政能力不能得到提高，从而学校日常行政管理工作不能正常进行。一些高校的行政管理工作忽视了把行政管理工作与现代的科学技术结合起来。

（5）管理体制不完善。第一，现代民办高校多是董事长兼职校长，在管理能力与团队协作方面有很大欠缺，存在管理上的步伐不一致，团队协作对于高校运作非常重要，只有团队协作顺畅，行政效率才能提高。如果在专业素养不够的情况下，强行参与管理，只能降低学校的管理水平。第二，管理制度不合理，一些教职工办事能力不足，办事效率不高。第三，一些学校的管理模式有些僵化，标准化管理，存在推卸责任的现象。

（6）师资力量不足。民办高校虽然要考虑运行成本，但是在师资力量的投入上不可缺少，一些学校的师资力量还存在不足。只有增强师资力量，才能使学校的教学质量有所上升，才能够吸引学生，从而使学校不断壮大，也使学校的行政管理体系不断完善，从而在提高学校利益的同时，培养适应现代社会的学生，并且降低管理成本，提高行政效率。

（7）办学条件欠缺。由于民办高校并非国家出资建设，一些学校在硬件设施的投入方面有所欠缺，从而不得不以时间成本为代价，来解决一些问题，降低了工作成效，最终影响了行政效率。

（8）激励制度不明确。通过对于企业管理方面的研究发现，只有当人才、管理、激励这三种要素完美结合时，才能把企业打理好。当激励制度不完善时，企业的人才会缺乏积极性，造成企业效率低下，更有甚者人才出走流失给企业造成极大的损失。由于学校缺乏完善的管理制度和激励制度，可能会造成学校对一些优秀的年轻教师重视不足，使得这部分年轻有为的教职工的积极性下降，影响教学质量的同时也影响了行政管理效率。

（三）民办高校行政管理的效率创新

1. 转变思想并提高认识

高校的行政管理人员要转换自己的行政管理的思想，更新自己的行政管理的理念，提高自己的行政管理的理论指导的能力；民办高校要清楚地意识到行政管理的工作对于高校的发展的重要性，重视行政管理工作部门的发展与运行。民办高校要建立健全与完善高校的行政管理工作的奖惩制度，做到公平、公正与公开，从而提高高校行政管理人员的工作积极性。

2. 完善行政管理体制

首先，应该将董事会与管理层分开，董事会董事作为股东，享有分红和投票权，但是管理方面应该聘请职业的管理团队来进行管理，本身就是专业管理人士的除外，参考成功案例，制定标准的管理制度，加强管理。

其次，裁撤冗余，轻体量化，提高行政人员素质与办事效率。

再次，加强对教职工的管理，对于私自兼职的教职工进行警告，不得影响本职工作，否则予以开除。

最后，轻体制化，去行政化，不僵化管理体制，明确行政责任，责任到点，责任到人，遇到问题不得逃避。

3. 提高高水平师资力量

教育事业的发展，学校是基础，但是教师是关键，没有高水平的师资力量，就没有高水平的教育，只有引进先进的师资，在管理中把教师的教育水平放在首位，才是解决高校瓶颈区内部问题的关键。根据学校的师资情况，展开多样化的管理模式，进行行之有效的管理才能够推动学校内部问题的解决。把学校的人力资源转化为有效的人力资本，提高人力资源的利用效率，学校才能突破瓶颈，持续健康地发展。学校生源也依赖于学校的影响力，只有提高学校的教学水平，引进高素质的教育者，才能够提高学校教学质量，从而提高学校的影响力，发展生源。

4. 提升学校硬件设施水平

一所整洁的教学楼或者是实验楼要比杂乱无章的设施陈旧的楼房更能吸引人，在高校建设中也是如此，高校的硬件设施包括教学仪器、办公用品、投影仪、学生上课的桌椅以及学生的宿舍的条件，对于学校的硬件设施都是硬性的指标，对于树立学校良好的形象，吸引生源起到很大的作用，毕竟大部分学生都愿意生活在良好的学校环境以及浓郁的学术氛围之中。学校的硬件设施的强化不仅对学校的现在有帮助，而且对学校的未来也有很大帮助。尽早完成硬件设施的更新换代对于学校的发展有很大帮助。

5. 完善奖惩激励制度

奖惩激励是提高行政人员的重要手段，激励制度在提高人力资源利用率以及行政管理效率方面有着很好的作用。激励制度的实施目的可以分为三个：首先是吸引优秀的人才；其次是留住人才，让学校的优秀教职工能够长期为学校服务，产生更好的经济效益；最后就是激励的核心目的，提高学校的行政管理效率，激发教职工的工作积极性。

6. 简化行政机构设置

民办高校要科学地设置学校的行政管理机构，要简化行政管理机构的设置，明确各个部门的分工，清楚各个部门的职能，民办高校的行政管理部门要形成团队工作的形式，各个部门之间的成员要相互监督，相互帮助，相互促进成员之间的发展，从而提高学校的行政管理工作的效率。民办高校要规范自己的行政管理工作，使学校的行政管理工作能够更加规范化、系统化和科学化。

7. 提升管理能力与水平

民办高校要坚持以人为本的行政管理的理念，提高行政管理人员的职业素质与品德。从事民办高校行政管理工作的人员要不断通过学习来提高自己的行政管理能力，提高自己的专业技能，要遵守自己的职业道德，提高自己的专业素养，提高自己的职业素质。民办高校要加大行政管理人员培训费用的投入，重视行政管理人员的培养，从而提高行政管理人员的行政能力。民办高校的行政管理部门所具有的权力和高校所具有的学术权力两者所占比例要尽可能相等，使得两者的发展尽可能保持最大的平衡，民办高校要加大学校的科研资源的投入力度，要强化学校的科研思想，不断引进科研人才，发展民办高校的学术能力，做好学校的科研投入的工作。

8. 推动行政管理科学化

民办高校的行政管理工作要积极寻找更加科学的、有效的管理途径，提高学校的行政管理能力；民办高校的行政管理工作要与现代科学技术结合在一起，民办高校要多投入一些经费在行政管理上，要紧跟时代的步伐，不断更新学校行政管理的系统设备，要运用一些高科技的设备，利用现代科学技术参与到学校的行政管理当中去，从而提高行政管理工作的准确性，提高高校的行政管理工作的效率，这些有利于高校行政管理工作能力的提高，使高校的行政管理工作更加完善。

民办高校的人力资源部门要配合学校的管理层提出有效的奖励机制，激发教职工的积极性，提高行政管理效率，发挥人力资源效力的最大值，当然仅仅依靠人力资源管理部门提出的奖励制度无法对教职人员的积极性进行充分调动，只有让他们认可学校、信任学校才能使他们全身心地投入到学校的建设工作。签订长期的就业合同，提供保障性住房、改善教职工的生活水平，有效提高员工的积极性和主动性，激发他们的创造性，从而激发行政体制活力。

二、民办高校的财务管理创新

民办高校作为我国教育发展的新生力量，对我国教育事业的发展做出了重大贡献。民办高校数量和规模越来越大，但是国家没有制定专门的民办高校财务会计制度，如何制定民办高校的财务管理与控制体系，提高管理水平已成为一个亟待解决的问题。

（一）民办高校与公立高校财务管理区别

由于民办高校的举办者主要是非政府机关、非国有企事业单位等民间团体和个人，且其办学经费来源不是国家财政资金，而主要依靠学费、捐赠和个人资金投入等，因此其财务管理与控制和公立高校相比，存在较大差异，主要体现在以下方面：

（1）财务管理的资金来源不同。与公立高校办学资金主要来源于国家政府财政资金不同，民办高校的资金来源主要依赖于生源所提供的学费、住宿费和学校举办者的资金投入，部分地区获得少量的财政资金支持；由于生源具有不稳定性，因此民办高校的资金也具有不确定性，从而给民办高校财务管理带来了较大的困难。

（2）财务管理的体制差异较大。由于民办高校的举办者和资金来源与公立学校不同，因此其财务管理体制与公立高校相比存在明显差异。一般而言，民办高校的财务管理体制更侧重于所有权和经营权相分离的现代企业制度来运行，即"学校董事会—校长—财务部门"的体系，而非公立高校的"政府主管部门—校长—财务部门"。

（3）财务管理的目标存在本质的差异。一般而言，财务管理的目标主要是价值最大化。但是对于民办高校而言，由于其办学资金主要来源于社会资本，资本逐利的本性使得经济效益成为民办高校财务管理的主要目标。因此，民办高校在进行财务管理活动时，必须以利益水平作为财务管理的重点，而不是公立高校的量入为出，确保各项教学科研活动的顺利进行，二者存在本质的差异。

（二）民办高校财务管理的重要意义

（1）帮助综合部门了解民办高校的财务情况。财务管理就是运用会计报表、事业计划或者其他资料，剖析高校财务状况的变化，对其进行比较与评价，得出的规律性结论。为其提供系统的指导，促进民办高校节约收支，发现问题，提高效益。全面评估民办高校的各类资产情况，及时调整规章制度，从而强化民办高校财务管理的有效性。

（2）防范民办高校的财务管理风险。民办高校财务管理与控制中关于财务风险管控的相关理论能够有效帮助学校提高风险管控意识，建立风险防范机制，合理控制其在融资、资金安全及内部控制中存在的主要风险，提升民办高校的管理水平。

（3）调整资本结构，降低资金成本。财务管理工作中通过对投资的规划、对高校长期负债和短期负债的合理筹划、对运行资金的管控等，能够使民办高校的资本结构达到最优化，从而降低其资金成本，增加高校的价值。提高财务管理与控制水平，能够更有效地帮助民办高校优化资本结构，降低资金成本，实现高校的持续发展。

（4）提升办学实力，促进招生就业。财务管理工作中关于量本利的分析与应用、生均培养成本等理论在民办高校财务管理与控制实践中的应用，能够帮助民办高校找到正确的办学方向，从而实现降低费用，提高效益的目标，从而为高校提升办学实力和吸引生源奠定坚实的经济基础。

（三）民办高校财务管理目标与特征

民办高校财务管理目标包括基本目标与经济目标两项内容，基本目标即通过各项财务管理活动来获取资金，保证内部各项财务工作可以顺利运行。在教育模式的创新下，社会对于高校的办学理念提出了严格的要求，民办高校在学校硬件、软件建设上，投入了大量的资金，经费持续增长。为了保证民办高校各项活动的顺利进行，需要对资金进行科学的规划。在经济目标方面，与普通高校相比，民办高校有独特之处，在具体的管理活动中，不仅要顺利实现教育目标，还要实现经济收益。

民办高校财务管理工作有着综合性的特征，不同于普通高校，民办高校涉及的财务管理内容更为复杂，财务部门在民办高校中的地位是不言而喻的。同时，民办高校财务管理模式广泛，无法提供政府提供的公共资金，要保证各项管理活动可顺利进行，需要通过其他途径来获取资金，因此，民办高校财务管理部门不仅需要处理内部财务问题，还要与其他的企业、银行打交道。最后，民办高校财务管理有着灵敏性特点，各个民办高校要想得到认可，需要采取多元化的渠道改善教学质量，邀请其他学校教师来校任教，购买教学设备。因此，民办高校的财务部门需要处理其中的各类问题。

（四）民办高校财务管理存在的问题

（1）财务管理模式不明晰。对于企业而言，财务管理模式一般有集权型、分权型、集权与分权相结合的混合管理模式，民办高校的财务管理体制更侧重于企业管理的模式，因此可以从上述三种模式中选择适合民办高校的财务管理模式。但是多数民办高校由于自身管理体制的原因，在财务管理与控制模式构建中，分配的财务权力不够明晰和具有层次性。我国民办高校多由个人或者企业出资建设，部分投资者并未从事过与高等教育相关的研究，对于教育事业的认识还存在一定的偏差，将之作为获取利益的方式，忽视了办学的公益性。对于民办高校的经济问题，主要由出资人敲定，财务部门很少参与，这与市场经济发展需求并不符。

（2）不重视预算管理。部分民办高校不重视预算管理工作，往往采用事后保障的形式，没有发挥出预算管理工作的作用。关于预算管理机制的编制，没有根据以往的基数进行调整，流于形式的问题十分常见，不利于民办高校的有序发展。

（3）融资环境需要完善。要保证民办高校得到顺利的发展，需要为其提供良好的融资环境，民办高校办学经费来源渠道较为单一，办学经费来源的大部分靠学费收入再加上住宿费、少量国家拨款，政府资助与个人捐赠。与之相比，公办学校可以获取大量国家拨款，在银行贷款上，民办高校可能无法享受到太多国家优惠贷款政策，在出现资金困境时，往往在筹资、融资过程中融资环境不利。

（4）会计监督职能存在弱化现象。会计应当具有核算和监督两个基本职能，而财务管理与控制主要包括财务预算、财务决策、财务控制与分析、内部控制等多个职能环节，各环节主要涉及筹资、投资、资产、成本费用管理及收支结余等管控。但是在实践中由于受到举办者的影响太大，多数学校仍将财务管理局限于以记账、算账和报账等会计职能，从而极大弱化了应有的监督职能。

（五）民办高校财务管理的创新对策

1. 构建完善财务管理体系

在民办高校中，校长属于法定代表人，校长对于民办高校的各项工作，需要肩负起应有的法律责任，在这种模式下，财务管理工作是民办高校的重点内容。现行的财务管理模式主要包括两类，即统一领导、集中管理以及分级管理，统一领导、集中管理一般应用在规模较大的民办高校中。统一领导、集中管理的模式要求学校只能设置一级财务部门，由这一部分负责学校各项财务管理工作的开展，不需要设置同级财务管理部门，该种模式实现了高校经营权与所有权之间的分离，保证各项财务管理活动都能够顺利开展，但是也会在一定程度上打击基层单位的工作积极性。为了解决这一难题，各个民办高校都在优化现行的财务管理模式，实施"统一领导、分级管理、集中核算"的管理机制，提高财务管理的综合效率。

2. 提升财务预算管理效率

财务预算是民办高校财务工作的重点，预算管理工作的有效性对于民办高校的发展有着直接的影响，在进行预算编制时，民办高校需要借鉴其他学校的经验。各个民办高校需要做到从全局出发，关注学生的未来发展需求与办学实力，统筹兼顾、合理分配资金。为此，可以实施"零基预算制度"，将不合理、不公平预算完全杜绝，学校审计部门需要定期评估预算的科学性与资金效益，针对其中的问题，及时进行改进，让预算管理制度变得更加完善。在执行时，要制定相应的保障制度，加强管理，避免随意改变资金的使用流向。

3. 增强财务预算科学管理

（1）成立财务预算机构，确定发展目标。保证财务预算管理过程的正常进行是非常重要的，做到这一点才能增强民办高校在市场的生存能力，学校的相关管理者应在校内建立一个组织来对财务预算过程做全面的监督，保证财务预算的执行，执行预算的人员还应对民办学校内部以及外部的资源进行深入的调研工作，保证全面公开公正地进行财务预算工作的编制。

（2）合理编制财务预算，明确编制要求。在进行财务预算的过程中，财务预算的具体编制工作应引起广大领导者注意。因为在这个过程当中最能够体现出一所民办高校的创建思维以及领导者的全局意识，因此各相关人员一定要从学校的角度出发去强化对需要执行项目的论证观点，另外在进行项目预算上报工作之前，一定要做好充分的市场调查工作，即要根据当地的预测投入与回收比率，预测学校的投入成本与办学效益，这对于资金节省以及提高民办高校的发展都有着非常重要的意义。

在进行财务预算编制的过程中首先需要注意的是预算的编制时间和上报给领导者的时间务必要及时，即保证编制效率，另外财务部门一定要及时与学校各部门之间做好沟通交流工作，要及时对各个部门的财务预算方案进行公开以及送达相关管理部门进行审核工作，因为财务工作只是单纯地通过一系列的计算和估计是不能够准确计算好自己学校各部门的花销情况的，因为不同部门有着不同的消费需求，因此与其他部门增进关系，了解各部门的需求也是准确做好财务管理工作的必要前提工作。

（3）建立预算激励约束机制，强化预算执行。我国民办高校的管理层要为学校的财务预算制定一个长期行之有效的目标，使其有方向供其去努力发展，在当今我国对教育重视程度越来越高的时代，正是民办高校的飞速发展时期，当然在这之中不仅要做好对学生生源的吸引，还要做好财务预算工作，做好长期发展的准备工作。因此，绩效考核就成为民办高校发展过程当中非常重要的一个发展方面。

首先，绩效考核能够给民办高校人力资源管理的工作流程提供具体的管理信息安排，实行的绩效考核要服从民办高校财务预算管理工作的调度，促进信息收集的规范合理化。其次，要想做好民办学校的绩效考核工作，就一定要令学校内部各个单位的负责人认真分析在任员工的工作职能，了解其能力限度进行具体岗位的调配安排，以公平合理的绩效考核制度进行整体性评价，带动人力资源管理制度的发展安排，进行人才的优化。定期进行工作总结，在人力资源的管理方面做出努力，认真评定员工的工作状况，在定期的例会中进行汇报，反馈给各部门的负责人，并要求其对员工的工作流程进行调整，在合理的范围内将员工安排在合适的岗位，优化管理办法，提升人才素质。学校可以根据实际要求进行定期培训，了解员工的实际素质，进行针对性培训。此外，还要根据实际的培训工作对员工进行考察，要满足一定的培训要求。对符合要求的员工进行奖励，没有达到要求的员工进行处罚，以此来激发员工的工作积极性，努力提升自身素质，这对于我国民办高校的长期发展来讲无疑是十分有利的。

4. 拓展民办高校融资渠道

与普通院校相比，民办高校在资金获取上，主要依靠学生每年缴纳的学费，而普通高校则有大量的国家拨款，要实现发展稳定的资金来源是非常重要的。因此，民办高校需要采取有效的措施提高办学质量，抓好硬件、软件的建设，在专业创新、校园文化构建、师资队伍完善方面下功夫，吸引学生资源，创设出良好的品牌效应，吸引融资。各地政府也要为民办高校的发展提供财政支持，在专业建设、税收、校区扩建等方面提供优惠政策，为民办高校的发展提供良好的政策依托。作为民办高校自身，需要积极吸收企业、行业、个人的融资，着力推进校企合作办学模式，注重学生职业能力的培养，将技术课程与理论教学相结合，为企业提供培训员工的机会，这既可以锻炼学生的综合能力，还可以为民办高校带来更多的新收益。此外，民办高校还需要根据自身情况向银行借贷资金，改善办学环境。

5. 创新财务管理的制度

财务管理制度直接影响着财务管理质量，民办高校需要加强财务管理制度的建设，推行权责发生制度，目前，民办高校融资主体表现出了多元化的趋势，实施权责发生体系，可以保证成本核算的合理性，吸引更多的融资主体，帮助民办高校实现预期收益。需要对民办高校财务管理进行系统的监督，目前民办高校已经具备办学权力，但是如果缺乏监管，也容易发生问题，需要明确民办高校肩负的各类经济责任，确保民办高校可以承担相应的社会效益。从内部角度而言，民办高校需要根据自身情况制定预算制度，加强资金的预算管理。

6. 提高财务人员的素质

民办高校财务分析与管理工作直接出自财务人员自身的判断，因此，财务人员的综合素质水平直接影响着决策的重要性。民办高校需要打破传统的人才招聘模式，引进综合素质过硬的财务人员，加强对现有财务人员的培训，进一步强化职业道德教育，提升他们的道德素养与法治观念。此外，定期开展多元化的培训活动，为财务人员提供进修机会，保证他们的工作水平可以适应新形势的办学要求。民办高校属于教育机构的重要组成，与普通高校相比，民办高校有着一些特殊之处，这也对其他财务管理模式的应用提出了全新的要求。民办高校应该着力优化现有的财务管理机制，提高办学水平，促进自身的良性发展。

7. 建立高效财务管理组织体系

民办高校的财务管理组织体系是指学校内部财务各项工作分工与协作的层次与框架。国外民办高校财务管理机构的设置大致有三种类型：一是超脱型，即由董事会委派财务总监主管学校财务工作，其特点是既能体现董事会的授权，又有利于充分体现财务管理在学校管理中的地位和作用，但校长"超脱"于学校财务工作之外，不利于激励校长的办学积极性；二是专家型，就是在校长的统一领导下，授权由与副校长职位平行的总会计师，负责具体分管学校财务工作。这种体系框架充分体现了学校财务管理的专业性和财务决策中专家意见的权威性；三是分权型，即专门配置分管财务的副校长，代表校长对学校财务工作实施统一领导。这种模式的特点在于财务副校长与财务机构负责人都须对校长的授权负责，有时会形成冲突。我国民办高校可以采取专家型管理机构的设置。

8.完善内部监督职能，防范财务风险

民办高校财务风险的防范和会计监督职能的提升应当从以下方面着手：

（1）民办高校管理层应当树立财务风险意识，建立完善的财务风险预警体系。高校管理层应当树立财务风险意识，将风险控制作为管理的核心目标之一，贯穿整个学校的管理活动中，并针对资产规模、盈利能力、贷款规模和生源等对学校影响较大的经营活动制定一套完善的财务风险预警指标体系，以便在指标出现问题时能够及时发现潜在的财务风险并加以改进。

（2）建立健全完善的内部财务控制制度，提高财务参与管理的职能。会计监督职能的提高，主要在于：一是完善的内部财务控制制度不相容职位、岗位的设置应当分离开来，提高不相容职位、岗位的相互监督作用，同时完善重大项目的决策机制，避免投资损失；二是在进行相关核算时提高对业务的审核，以起到会计的监督作用，同时应当提高财务会计的分析能力，为决策者及时提供有用的决策信息，以提高财务参与管理的职能。

民办高校的财务管理是一项复杂却又十分重要的管理工作，它在一定程度上关系着民办高校的持续发展性，因此在实践中学校管理者应当对其予以重视，并通过各种途径对其不断进行完善与补充。本小节仅就当前我国民办高校在日常的财务管理与控制中普遍存在的问题进行了分析并提出了相应的改善途径，以期能对民办高校提升管理水平有所帮助。

第三节 民办高校的品牌形象与战略管理创新

品牌形象管理是指企业或组织通过一系列的管理活动，经营和塑造自身的良好的品牌形象，从而提高自己的品牌知名度和美誉度，提升其核心竞争力，实现品牌的最大化价值。品牌形象管理源于提升产品或服务的质量，凸显特色，辅之品牌文化内涵。品牌形象管理已是企业整体营销规划的重要环节，品牌形象损毁直接会导致相关的企业或组织整体经营异常困难。一个良好的品牌形象需要企业或组织经历一个长期的管理过程才能塑造成功。

民办高校的办学理念、办学特色、师资水平、人才培养质量、校园环

境等，都会在学生、家长和社会大众的心里形成对学校的认知和评价，形成对学校品牌形象的感知。在互联网时代下的今天，品牌形象管理对民办高校发展的影响越来越大，民办高校通过品牌形象管理来引导社会大众对自身的认知，引导社会大众的教育消费理念或者教育消费文化，实现学校的健康持续发展，社会大众也在教育消费中影响高校品牌形象的塑造和管理的方式。

民办高校品牌应该包含校园环境、教师品牌、学生品牌、教育服务品牌和专业品牌等因素，当这些因素聚合成一定的规模，就会成为学校形象的代表，展现学校的特征，形成学校品牌。民办高校品牌形象与战略管理是一个系统工程，需要民办高校的决策者将品牌形象管理提升到战略高度，科学规划，将品牌形象作为品牌经营的核心内容，运用各种资源，为塑造和提升学校的知名度和美誉度，提升学校品牌竞争力，保障学校健康可持续发展，为学校带来品牌收益的一系列管理活动。

如今，品牌形象已成为社会经济发展的重要竞争因素，具有良好品牌形象的民办高校不仅能在吸引优秀人才和生源方面发挥作用，还能获得社会公众的信任，提高学生的就业竞争力，从而使民办高校的生存和发展进入一个良性循环。因此，民办高校只有整合各种资源，立足民办高校实际，确定自身优势，提高品牌形象管理意识，提升学校内涵和塑造外部形象，才能在得到公众的认可，实现可持续发展。

一、民办高校品牌形象与战略管理存在的问题

高校品牌形象的经营与管理是一项系统工程，是高校在改革发展过程中战略设定的具体表现。民办高校在经营与发展中应借助品牌形象管理的理念，将高校的品牌形象视为可支撑学校发展的重要资源，整合和利用其他现有资源，增强民办高校生存和可持续发展的能力。民办高校在品牌形象与战略管理方面主要面临着以下问题：

（一）品牌意识与认知不足

首先，一些民办高校的部分举办者品牌意识不足，对品牌经营管理不够重视，没有认识到品牌形象在市场竞争中的作用，忽视品牌形象在高校的运营发展中的作用，致使民办高校品牌战略规划缺失，学校上不了规模，办不出特色，成不了品牌效应。其次，部分民办高校忽视品牌形象塑造规律，追求"短平快"的品牌效应。塑造一个成功的品牌形象是一项需要长期坚持的系统工程，只有长期持续、连贯地打造，才能在内外部树立起统一的品牌形

象，进而发挥出品牌形象在市场竞争中的作用。一些民办高校为了扩大学校影响力，将重点放在校名、称号、头衔等方面，忽视教学质量和办学定位，这类高校虽然短期可以获得一定的知名度，但长期来看将很快被公众淡忘。

（二）品牌形象特色不够鲜明

品牌形象的定位是整个高校品牌的重中之重，是统率民办高校所有经营活动的行动指南。品牌形象的定位有助于更快速、正确识别民办高校的品牌利益点和个性，在潜移默化中让受众认同、接受并传播学校的品牌形象。首先，不少民办高校的理念识别系统缺乏特色鲜明的定位，校训也大多停留在"崇德笃学""团结奉献""务实求新"等精神层面的口号，内容宽泛、空洞，缺乏对自身特色的挖掘和个性化的定位。其次，在高校的行为识别中，缺乏对师生行为识别的整体性和一贯性规范，无法形成统一的行为识别形象。最后，高校的视觉识别管理不规范，在形象标志、宣传标语等对外视觉形象传播中凌乱不统一，缺乏视觉冲击力。

（三）品牌核心竞争力需要提升

高校的主要功能就是做好人才培养、科学研究和社会服务工作，恰恰也是体现高校核心竞争力的具体表现，做好这三方面的工作离不开师资队伍这个"软件"和教学科研设备这个"硬件"的建设。首先，一些民办高校教师流动性大，难以形成相对固定的核心竞争力，由于办学经费的压力，往往民办高校教师的培训和进修机会很少，使得教师的教学能力缺乏必要的更新和提升。另外，民办高校教师的配比往往不足，导致大多数教师劳动强度大，授课质量无法保证。教师福利待遇较差和缺乏必要的自我提升，使得民办高校的师资流动性非常大，再加上普遍工作强度大，缺乏打造高校品牌核心竞争力的"软件"基础，很难在人才培养、科学研究和社会服务方面发挥更大的作用。其次，一些民办高校的教学科研设施投入不足，举办者对高校的财政使用有很大的管理权，往往用企业管理的模式来管理高校，对学校在教学科研设备的投入上有诸多的限制。对教学科研设施的财政投入较少，缺乏打造高校品牌核心竞争力的"硬件"基础，无法形成高校品牌核心竞争力。

二、民办高校品牌形象与战略管理的创新策略

民办高校要想在激烈的市场竞争中突围而出，必须打造好自己的品牌形象，依靠清晰的定位和科学规范的管理，提高办学水平，促进核心竞争

力不断提升。要想提升民办高校的知名度和美誉度，必须做好民办高校品牌形象的管理。

（一）明确品牌定位，塑造核心价值

民办高校需要明确品牌定位，塑造核心价值，可以从以下方面着手：

（1）民办高校的品牌形象的塑造需要有鲜明的办学特色和差异化的发展定位。办学特色和发展定位是民办高校品牌形象定位的核心，是基于办学理念、办学定位、办学精神和学校中长期发展规划，而凝练出的具有指导学校定位和发展的核心价值。因此需要在对学校现有内部条件和外部环境充分调研和讨论的基础上，提炼出具有学校"个性"的特色和定位，也给学校的品牌形象指明了目标和方向。另外，民办高校领导者和举办者的办学理念在品牌核心价值的凝练中也起到至关重要的作用，各方应在遵循高等学校办学规律的前提下，达成一致并长期坚持。

（2）利用和发挥民办高校"民办"的制度优势。民办高校在市场竞争中虽然存在一些客观上的劣势，但不可否认的是民办高校也有一些公办院校所无法比拟的优势，如相对灵活的产权制度和体制管理制度。民办高校应该充分利用和发挥民办高校内部的产权、管理制度优势，以及外部的制度优势，为民办高校发展注入新的活力。

（3）打造具有自身特色的优势学科和特色专业。民办高校在专业设置上不能一味地追求大而全，应根据客观环境和社会需求以及自身特点和优势，针对性地加强优势学科和特色专业群的建设，尽量避免与公办高校同质化办学，实行错位发展。

（4）打造民办高校的校园文化。校园文化是一所学校的灵魂，具有浓厚文化氛围的高校可以凝聚高校全体教工和学生的力量，为学校的生存和发展提供源源不断的动力。

（二）做好品牌规划，打造品牌形象

"良好的品牌形象体现高校内在精神和外在形象"[①]，民办高校需要做好品牌规划，打造品牌形象，可以从以下方面着手：

（1）理清学院品牌形象管理体制，建立健全管理方法和规章制度，确保品牌形象的传播协调统一。由高校管理者联合校外品牌形象专家和专业

---

① 姚斌.西安 PH 民办高校品牌形象管理研究[D]．西南：长安大学，2020：34.

设计团队成立高校品牌形象管理委员会，主要任务为制定本校品牌形象战略发展规划；监督品牌形象的建立、管理和传播；协调品牌形象传播过程中的问题；及时评估、反馈和修正品牌形象管理中存在的问题，保证品牌形象管理的连贯性、持续性和一致性，对执行过程中出现偏差应及时给予纠正，消除混乱和错误的品牌形象传播。品牌形象管理委员会还需要对品牌形象的使用与传播进行业务培训。

（2）设计并规范高校品牌识别系统。良好的高校品牌形象可以更好地体现高校的内在精神，也是对外形象的一种展示，即可以增强学校师生的凝聚力，营造良好的校园氛围，还可以在招生就业和师资引进方面发挥巨大的作用。通过梳理、归纳学校办学过程凝练出的办学特色和定位，设计并规范理念识别系统、行为识别系统和视觉识别系统，制定《品牌形象管理规范手册》《视觉识别系统规范手册》等方式来规范品牌形象传播应用过程的使用。

（三）推动品牌传播，明确传播对象

品牌形象能较全面地体现民办高校的声誉和整体形象，因此在对外活动过程中要针对不同的传播对象，明确传播信息，拓展传播渠道，规范传播形式，强化品牌形象。品牌形象传播过程中要充分利用各种媒体的优势，发挥新媒体和传统媒体的优势，做到品牌形象对外传播的针对性。

（1）注重学生和家长群体的宣传工作，在各类招生咨询活动中实施品牌形象传播。招生是高校的"入口"，招生宣传是面向学生和家长传播学校的第一印象，要借助招生咨询活动，运用各种传播手段和形式来宣传学校的办学理念、办学特色等人才培养信息，发挥各类宣传物料的宣传效果，提高学校声誉，宣传学校品牌形象。民办高校可以召开家长与学校管理者、专家教授的面对面会议，介绍学校办学成果，解答家长关心的问题，提升家长对于学校的认知度和满意度，让每一个家长都能成为学校品牌形象的维护者和宣传员。分专业建立家长群，与家长建立良好交流沟通，家校联动，共促发展，及时与家长分享学校的办学成果、特色和理念等，让学校的品牌形象深入人心。

（2）注重用人单位的宣传工作，在就业推荐和校企合作活动中实施品牌形象传播。就业是民办的"出口"，就业用人单位是高校人才培养"产品"的最终使用者，要充分利用就业推荐和校企合作机会宣传学校品牌形象，突出强调学校科研能力、特色专业和人才培养模式等信息。另外还要与各类用人单位进行沟通，及时了解用人单位对人才培养的需求，并邀请相关企业参与到学校专业设置和人才培养方案的制订工作中。

（3）注重对社会公众的宣传工作，在开展的公益性或文化性社会服务活动中实施品牌形象传播。社会服务是高校的重要职责之一，组织和开展各类公益性和文化性的社会服务活动，是向社会表明学校强烈社会责任感的重要形式，能获得媒体和公众的关注，有利于提高学校的知名度和美誉度，进而传播学校的品牌形象。

（4）强化与社会媒体的沟通与联络。民办高校可以强化与各类社会媒体建立良好合作关系，强势宣传学校，能产生品牌的"聚合效应"，有效扩大学校的社会知名度，同时，当学校遇到突发事件，特别是可能涉及有负面报道时，良好的社会媒体关系能帮助学校的声誉不受到大的影响。在现有基础上，一方面与社会影响力较大的报刊、广播、电视、网络媒体平台等深化合作机制；另一方面，也要与新发展起来的新媒体平台及时建立良好关系。通过每学期组织开展媒体分享会、新媒体学术讲座、学校重点或中心工作集中采访等形式，沟通交流常态化。同时，深入挖掘学校特色亮点的人物事迹、重大事件、重要成果等，借助社会媒体进行热点推送，形成广泛的社会影响，特别是向全国范围内推送，扩大学校品牌知名度。

（5）强化公共关系传播作用。高校品牌的公共关系，是高校在品牌形象管理中正确处理学校与社会公众的关系，树立学校良好品牌形象的一种活动。强化公共关系传播作用主要体现在以下方面：

第一，网络媒体平台建设。当下是互联网+时代，网络已成为众多家长、学生、用人单位等了解高校的最重要途径之一。网络媒体平台包含学校网站传播、微博、微信公众号等新媒体网络平台，因此，应建立高品质、时尚大气的官方网站，建立信息量大，青春活力、互动强的官方微信公众平台等，通过强化网络媒体平台的建设，一方面提升了学校的品牌形象；另一方面也增强社会大众对学校的认知、理解和信心。通过网络媒体平台对学校的办学理念、行为和视觉形象等方面生动、快速、高频率、广泛的传播，极大地进行学校品牌形象宣传。

第二，优化重大活动传播效应。组织策划每年开学典礼、毕业典礼、校园开放日、校友纪念活动等，隆重组织校庆庆典活动等，积极承办具有一定社会影响力的各类社会服务活动，具有社会影响的篮球赛、足球赛、武术大赛和全国女子半程马拉松锦标赛等，积极承办各类国际国内重要学术活动等，向社会大众展示办学成果，交流学校的办学理念和发展规划，主动把握学校传播机遇，不断优化和拓展学校生存和发展空间，提升学校的品牌知名度和影响力。

（四）创新品牌维护，调整品牌形象

高校在品牌形象传播过程中，高校品牌形象管理委员会要及时收集调研资料，评估传播对象的反馈，全面评估品牌形象传播的效果，并及时修正和调整存在的问题。

1. 树立超前管理理念与创新意识

在品牌形象的管理和运营过程中，内外部诸多因素的威胁或影响时有发生，学校的决策层是否具有超前的管理理念，居安思危的创新意识和法律意识至关重要。在办学的过程中，一方面要注重品牌形象的管理和经营；另一方面要加强品牌形象的统筹和规划，要充分利用好有益的法律法规来保障品牌形象的维护和提升。超前的管理理念是高校决策者维护学校良好品牌形象的一个必备意识，而法律是维护品牌形象最有力的保障武器，对具有独创性的学校品牌形象或标志，一旦发现有侵权的行为，就要运用法律武器去捍卫。要把推进依法治校、依法办校作为学校建设发展的重点工作来开展。

2. 完善品牌形象的预警机制

品牌形象预警是学校品牌管控的一个必要的辅助系统，通过对学校品牌形象建设动态进行监控，及时掌握品牌形象的现状，对品牌未来的发展趋势进行科学预判，对品牌的现状和趋势进行优劣势分析，及时发现学校在品牌建设中存在的各种偏差，并以此为基础依据进行品牌形象维护和提升，提高学校品牌形象管理的决策能力，有效维护和提升学校的品牌形象。

准确及时把握好各级政府关于高等教育的相关政策和制度，提高相关政策评估的能力，是民办高校取得可持续发展的重要基础工作。面对经济社会环境的复杂多变，制定有效的品牌形象保护措施是品牌形象管理的一个难点，学校要制定相关政策措施，完善品牌形象规划。

良好的品牌形象是民办高校的巨大财富和珍贵的无形资产，一所学校品牌形象会受到学情、经济社会发展状况、政府的政策与制度、学校品牌建设策略等诸多因素变化的影响，当学校在经营方向和发展战略做出调整时，也会对品牌形象进入市场的方式进行改变。因此，民办高校的决策层要及时掌握同类竞争高校进行学科布局、办学特色等调整变动的动态，深

入进行优劣势分析，以灵敏的市场洞察和应变力，做出趋势预测，使学校在教育市场的竞争中达到维持品牌保值甚至增值目的。

学校的品牌形象一旦受损，整个品牌价值都将面临贬值的风险。学校的品牌形象在经营管理过程中，要注重预警机制的建立，对品牌动态和趋势进行监测、诊断和评估，及时、准确、全面掌握学校在政府和社会大众心目中的位置。

3. 构建品牌形象管理评价机制

民办高校要建立品牌形象管理的评价机制，通过一定的测量手段、方法，对学校的品牌动态进行检测和警示，监测学校品牌形象产生的实际效果，在分析对比的基础上，对现有的品牌形象管理现状进行偏差分析与评估，提醒和督促学校采取积极有效的品牌措施改变遇到的困境，主要包括：一是根据学校品牌形象管理的实际需求，提前确定检查评估工作绩效的时间。二是根据实际确定检查评估工作绩效的频率，指在一定时期进行评估的次数。三是确定检查评估内容的设计。高校的工作具有时段性特点，每个时期的工作重点不同，要事先进行详细规划，既要保证全面性，又要重点内容突出，以便更有效发现问题。四是要确定被监测评估的对象。对品牌形象产生最直接最大影响的群体是最先要进行筛查和评估的对象，对目标群体进行评估要有一定的计划，对于发现的问题及时进行跟踪和分析。

4. 更新或延伸品牌形象策略

高校品牌延伸是学校在保持教育主体项目不变的情况下，将现有品牌运用到新的领域或项目中，这是学校综合实力发展的结果，能有效规避新项目进入市场带来的风险，通过实施品牌的延伸策略还能达到品牌资产转移，挽救品牌形象危机的效果。目前此项工作已是高校品牌发展的战略核心工作之一。更新或延伸品牌形象，民办高校的决策者要在综合分析研判的基础上，培养专业的团队，敏锐地把握市场趋势，通过调整学校的资源配置，一方面利用民办高校积累的良好品牌价值基础上，深化产教融合，对主体教育品牌进一步开发，例如，拓展学校办学层次，借用医学教育优势，在养老及大健康产业领域进行探索等，延伸品牌价值，同时，也拓宽了学校的资金来源，提升抗风险能力。另一方面关注教育教学质量、师资品牌建设、校园文化培育、专业特色凝练等，整合品牌资源，提升学校的品牌竞争力和品牌资产价值。

综上所述，民办高校除了需要苦练"内功"，提高核心竞争力，还应将加强自身品牌形象的管理，从学校品牌定位入手，规范品牌形象管理制度，针对不同传播对象制定不同的传播策略，及时评估、维护和调整品牌形象，打造强势品牌形象，为民办高校在激烈的市场竞争中得以生存和良性发展贡献力量。

第六章 民办高校品牌建设创新实践 发展研究

第一节 民办高校"以学养学"发展模式构建

一、民办高校"以学养学"发展模式的特征

"以学养学",其中第一个"学"字指的是学费或者学生,无论是学生还是学费,本质是指此类民办高等教育的经费来源相对单一,经费来源主要是学生所缴纳的学杂费等相关费用,第二个"学"指的是民办高校,此类民办高校对学生的依赖程度要远远超过其他融资渠道较多的民办高校。此类发展模式也被称为滚动式发展模式,依靠在学学生所缴纳的费用开展教学活动,以毕业生为招牌吸引潜在学生入校,总之学校发展就像滚雪球一样,完全凭借自身的力量"越滚越大"。

民办高校"以学养学"发展模式是个动态的概念,在不同的阶段具有不同的含义,首先,它所指的是我国民办高等教育在改革开放初期的发展模式,学校几乎没有或者很少的原始资金注入,创办者多为退休的老教授或者科学家,他们利用旺盛的高等教育需求,艰苦创业,主要利用学生所缴纳的学费和其他费用维持学校运行,并通过提高有限资源的利用率,利用办学结余不断改善办学条件的发展模式。其次,在民办高等教育恢复发展一段时间内,民办高校的资金投入方多元化,兴办一所民办高校也会有一定量的原始资金注入,在学校运行过程中,民办高校扩宽多种途径筹集资金,但仍有一部分民办高校,虽然在创立之初有原始资金注入,但在学校发展过程中,仍然主要依靠学生所缴纳的各种费用维持学校的正常运营和进一步发展,本质上仍是"以学养学"模式的延续。民办高校"以学养学"发展模式包含上述两个不同时期的发展模式,虽为不同时期的发展模式,但其内在具有一致性和延续性,所以将二者均作为研究对象。

民办高校"以学养学"发展模式有其鲜明的特点,也是区别于其他发

展模式之所在。三无（无固定场所、无固定师资、无原始资金）、三靠（校舍靠租、教师靠聘、经费靠收）是"以学养学"发展模式开始创办时基本的特点。如由我国著名的农学家、教育家乐天宇在九嶷山下借用舜庙当教室，开办了九嶷山学院，办学资金来自乐天宇教授落实政策补发的 5 万元钱，之后每个月将自己退休金留下 50 元，其余的 300 元全部交给学校；湖北函授大学，创立之初只有 150 元经费，租借了一间 12 平方米的平房开始了办学历程；中国第一所普通民办本科院校——黄河科技学院创办时，校长胡大白拿出了家里仅有的 30 元存款。

学生缴纳的学杂费在学校的资金来源中占绝大部分份额，这是此类模式民办高校的鲜明特点。多数"以学养学"发展模式的民办高校大部分的资金来源于学生所缴纳的费用，举办者很少或者基本不出资，学校依靠收取学生学费和其他费用，所以依靠这种发展模式的民办高校对生源的依靠性较大，学校的存亡以学生数的多寡为主要参考依据。在资金投入很少的情况下，"以学养学"的民办高校对存量资源的利用率非常高，学校工作人员往往是人兼数职，学校建筑密度很大等。目的是在利用社会闲置资源、提高资源利用率的基础上滚动发展起来。

由于较大的生源依赖率和较少的资源供应，民办高校"以学养学"发展模式将学生置于学校发展的中心，致力于学生个人价值的实现，以学生个人发展为中心，为学生的发展提供优质的服务，这既是民办高校"以学养学"发展模式的理念追求，更是学生选择此类民办高校的缘由之一。

民办教育在中国教育史上未曾长时间地占据教育事业的重要地位，但却一直如影随形，大部分时间扮演着补充者的角色，但这并不影响自古至今的民办教育的流传、延续。相对于公立教育而言，民办教育的理念追求更加多样化。先秦时代民办教育杰出代表孔子以为天下培养入世人才为己任。唐末兴起的书院，则更侧重于学者个人学术观点的传播，以为天下培养良心为追求。而 20 世纪 80 年代以后"以学养学"发展起来的民办高校则秉承了不同的办学理念，其理念追求也由国家、天下转移到个体身上。

民办高校"以学养学"发展模式之所以可以生存下来，和它的理念追求关系重大，从一定程度上看，就是这种理念追求才成就了民办高等教育的今天。民办高等教育坚持以学生的发展为中心，致力于实现学生的个人价值。社会的发展是个人发展的综合，个人发展是社会发展的最终目的，所以，民办高校"以学养学"发展模式以学生个人发展为中心的价值追求符合社会发展的基本规律，也确实促进社会和个人的进步。

二、民办高校"以学养学"发展模式的作用

教育的发展,特别是高等教育的发展,其最大的受益者无疑是社会,高等教育为社会发展源源不断地输送人才、发展科学,为一个社会、国家的发展奠定基本的人才和科技力量,特别是在高等教育走出象牙塔,越来越成为社会的轴心机构时,高等教育依靠自身的优势直接服务于社会时,其发展状况的好与坏直接影响一个国家的综合实力和社会发展。民办高校在弥补公共财政的不足,发挥民间力量办学,由公立高等教育的有益补充部分到高等教育的重要组成部分,不仅是量的积累,更是质的飞跃。

(一)"以学养学"发展模式对社会发展的作用

高等教育作为教育的最高层次,其发展也遵循教育的外部关系规律,一方面高等教育受一定社会的政治、经济、科学文化的制约;另一方面高等教育必须为一定社会的政治、经济、科学文化服务。高等教育对于整个社会以及社会中的其他子系统的发展都有不可替代的作用,如果基础教育是着眼于全社会民众素质的提升,而高等教育对于社会的作用更在于社会的引领,引领科学技术发展前沿,引领社会发展走向,引领社会文化的进步。民办高等教育作为我国高等教育的重要组成部分,同样也具有以上引领意义。以"以学养学"发展模式发展起来的民办高校作为民办高等教育的先行者和组成部分,除了上面所表述的意义之外,由于特殊的历史机缘,该种模式对社会做出的成绩更多,更具有时代意义。

1. 对社会秩序有稳定作用

一个稳定的社会秩序对于社会的发展意义重大,是社会发展的基本前提,维持社会秩序稳定的因素非常多,在现代主权国家一般是依靠国家权利、通过强制手段来实现的,但社会秩序的实质是社会利益合理分配的结果,所以只有在一定社会中对全体社会成员的利益冲突进行合理的调节才能保证社会秩序的稳定,而调节的前提是使得社会成员的合理利益诉求能够得到充分的表达,即一个社会中人们的基本人权得到保障,社会秩序才能长期保持稳定。受教育权是人们最基本的人权,必须通过整合各方面的资源,最大限度地保障这一项权利的实现。民办高校"以学养学"发展模式使得更多的适龄青年得到接受高等教育的机会,不仅是教育公平的展现,也在一定程度上提高了社会公平程度,保证了人们受教育权的实现,缓冲了高等教育需求者之间的利益冲突,为维护社会秩序的稳定做出了贡献。

2. 充分利用闲置社会资源

民办高校"以学养学"的发展模式是在充分利用社会闲置资源和公立高校的一些教育资源的基础上发展起来的，如租赁社会闲置的建筑作为校舍或者依靠公立高校闲置的教学资源开展教学。很多已退休的教授被返聘到民办高校，继续发挥余热。许多公立高校在职的教师被民办高校聘为兼职教师，"以学养学"的民办高校还租用国有大企业限制的厂房、设备等各种资源，降低了办学成本。

（二）"以学养学"发展模式对高等教育整体的作用

1. 推动高等教育多元化发展

民办高校"以学养学"的发展模式，首先，改变了高等教育政府事业单位的性质。出现了传统公立高等教育之外的民办高等教育，丰富了我国高等教育的类型，同时也是我国高等教育举办者多元化的开端，不同的举办主体举办不同类型的高等教育，也在一定程度上促进了教育公平。其次。开启高等教育经费来源的多元化进程。高等教育扩招最大的困难就是经费不足，政府的高等教育教育投入不足是制约高等教育发展规模的原因之一，民办高等教育"以学养学"的发展模式，以学生所交费用作为学校运营、发展经费，不仅一定程度上减轻了教育财政紧张状况，还催生了不同利益群体对于高等教育质量的关注，促进高等教育不断改革。最后，高等教育质量观的多样化趋势加强。在传统的公立高等教育中，对于学生培养质量具有统一性的标准，整齐性有余、差异性不足。但随着经济的发展、产业优化转型等，社会对人才需求呈现多样化趋势。"以学养学"发展模式的民办高校以市场需求为引导，培养社会急需而公立院校培养缺位的人才，满足了市场多样化人才的同时，也引起人们对高等教育质量的审视，逐渐建立多维度、多样化的高等教育质量观。

2. 促进高等教育服务理念生成

"以学养学"发展模式中，学生缴纳的费用是民办高校的主要经费来源，因此学生也就成为此类民办高校生存的关键。民办高校积极发展公立高校薄弱的方面。民办高校的教育目的、教育内容、课程体系等均以社会需求为基础上，以学生为中心设置，充分考虑到学生的实际需求，多以当时社会急需专业为重点培养人才。这对传统的公立教育而言是很大的冲击，同时也影响公立高校转变自身的定位，发展以学生为中心的高等教育。

3. 进行高等教育与市场结合探索

高等教育与市场结合，在今天的高等学校已经不是新鲜事物，高等教育宏观管理如布局、层次和结构、发展规模、发展速度、资源的配置等，高等学校内部的微观治理如高等学校的人员配备、教学大纲、教学计划、教学内容、人事、财务、后勤等都在一定程度上与市场结合，形成与市场的良性互动。高等教育进入大众化阶段特别是我国面临社会、经济转型，社会、经济对人才的需求更加多样化，需求的变化性也在增强，这就要求高等教育要积极适应这种变化，改变原来高度计划性的理念，积极与市场结合，在这方面，"以学养学"的民办高等教育不仅做出了有意义的尝试，还间接刺激和促进公立高等教育主动适应市场。

首先，解决高等教育供需平衡的问题。供需平衡是市场运行的基本规律，同样也适用于高等教育领域，在国家财政能力有限、高等教育供需不平衡的情况下，民办高等教育"以学养学"发展，吸收大量优秀的高考落榜生，很大程度上缓解了供需失衡的矛盾。

其次，将竞争引入高等教育领域。竞争是市场中的基本机制，竞争可以优胜劣汰，保持市场的旺盛生命力，"以学养学"的民办高校之间最主要的竞争表现在生源竞争，深层次的还有办学理念、教学设施、师资队伍等方面的竞争，那些各方面条件不优秀的民办高校在竞争中被自然淘汰，保证了优质民办高等教育的供给。同样，竞争对于改变公立院校千校一面、课程陈旧、机构烦琐等办学问题时有重大意义。合理的竞争会促进公立高等学校不断进行改革和创新，提高办学效率和效益，不断产生新思想和现代文化，不断提高人才培养质量。

最后，改变了传统的高等教育质量观。传统的高等教育质量以教育行政部门颁布的标准为参照，在市场中，高等教育的质量需要受教育者和市场需求来检验，转变为以高等教育消费者为中心来衡量质量，在遵循教育基本规律的前提下，高等教育质量要满足学生和用人单位的不同需求。"以学养学"发展模式的民办高校招生宣传时最重要的内容是毕业生就业率，较高的毕业生就业率就可以吸引更多、更好的生源。

三、民办高校"以学养学"发展模式的经验

"以学养学"发展模式代表了我国民办高等教育初级发展阶段粗放型的发展模式。民办高校发展至今，如上文所述，已经形成了多种发展模式，虽然办学资金来源已经多元化、学校治理也正在趋向科学化等，但就目前

所有的民办高校而言，生源仍然是制约学校发展的关键因素。从学校的收入结构来看，学生所缴纳的费用仍占学校总收入的很大部分。大部分民办高校还留有"以学养学"的痕迹，也会一直受其影响。因此，民办高校"以学养学"发展模式的经验，对于民办高等教育蓬勃发展的今天和任重道远的明天而言，依然意义重大。

（一）心怀天下与育人为本理念

无论是致力于公民基本素质养成的基础教育，还是为社会发展培养高级专门人才的高等教育；无论是作为公共产品的存在，还是作为成本分担的准公共产品，探究教育质的规定性，育人是最好的诠释，对于高等教育而言也是如此，高等教育并不只是培养学生的就业技能，也是学生的世界观、价值观、人生观的重要塑造场所，更是让接受高等教育的学生养成一种更高尚、理性、健康的生活方式，改变他们未来的生活态度和品质，进而促进整个社会向前进步。正是基于高等教育对人成长的重要意义和对社会发展的推动，"以学养学"民办高校的举办者不畏艰辛，为了让更多的学生可以有机会接受高等教育而奋斗、努力着。这种心怀天下、育人为本的理念仍值得民办高校的举办者、管理者思考，让教育为国家的发达、人民的幸福做出应有的贡献。

（二）审时度势与抓住机遇发展

教育的发展，特别是高等教育的发展，客观上需要一定的稳定财政投入，这就要求一定时期内的财政收入比较稳定且教育投入政策比较积极，而稳定的财政收入需要比较稳定的社会秩序和社会生产作为基础。"以学养学"的民办高校举办者就是抓住了高等教育需求旺盛、国家政策开放的机遇，审时度势，分析社会需求，兴办高等教育，满足社会需求。民办高等教育是我国高等教育大众化新的增长点，其主要突破点在于大力发展职业教育。这对于民办高等教育整体规模发展而言是重要的节点。随着国家的重视，民办高等教育迎来了规范发展时期，也是民办高等教育依法办学、提高内涵的质量提升时机。

（三）以生为主与服务理念生成

学生是学习的主体，不同学生的需求应该得到一定程度的满足，在高等教育领域，只有转变高等教育教与学、管理观念，才能充分发展学生的创造性，培养全面发展的人才。在生源就是生命的民办高校，满足学生的需求、培养社会需要的人才是民办高校生存的首要法则，对于"以学养学"发展的民办高校尤其重要。首先是专业设置必须充分考虑生源结构、质量、学生的未来职业选择，课程体系建设必须以社会对人才的需求为基准，以保证毕业生能够适应职业要求。在学校管理中也充分考虑学生的需要，这样做的直接结果是学生对学校的满意度上升。其次是满足了社会对某些人才的需求，毕业生就业状况良好，学校声誉提高。

高等教育的主要职能是人才培养，主要通过教学工作来实现，而教学工作是在教师主导下学生主动参与的过程，这就要求在教学过程中充分尊重学生的主体性并积极引导学生主体性的发挥，这需要对传统的师生关系、课程教学等进行改革，以适应学生主体性的发挥。大学生接受高等教育不仅要学习高深的专门知识进而为未来的职业奠定基础，高等教育阶段社会化对于大学生而言也十分重要，这就需要高等学校为学生的全面发展提供充足条件，先要改变管理理念，树立为学生发展服务的理念，真正实现高等教育教书育人的目的。

（四）适应社会与利用市场办教育

高等教育从来都不是自我封闭的系统，大学之所以是人类最伟大的发明、能够成为存在历史最久的社会机构之一，与大学能够适应社会变化而不断进行自我变革分不开。高等教育的发展不仅要遵循人的全面发展的教育内部关系规律，还要受教育外部关系规律的支配，即受一定社会条件的制约，并为一定社会的发展服务。相对于市场而言，政治、文化对高等教育的影响比较持久，其影响在短时间内具有相对的稳定性。高等教育市场化将市场机制运用到高等教育领域，是扩大高校办学自主权、提高培养质量的手段，也是高校主动适应社会、不断满足社会需要的动力机制。高度集中的高等教育管理体制将市场排斥在高等教育发展的条件之外，高等教育的发展完全依靠行政性的指令。虽然整个民办高等教育的发展需要国家战略规划，但民办高校因市场机遇而存在，也必须在坚持教育公益性的前提下，主动适应市场而发展。

四、民办高校"以学养学"发展模式构建思考

（一）民办高校"以学养学"发展模式的走向选择

1.机会选择

"以学养学"的民办高校的创办是我国高等教育历史上的传奇，而"以

学养学"民办高校成功运营更是一种奇迹。到目前为止，那些依靠"以学养学"发展起来并生存下来的民办高校，大部分已经完成了最初的资本积累，学校的基础设施建设达到一定的标准，学校在校生和招生数量也达到一定的规模，业已建设一定量的优势专业学科，具有本校特色的人才培养模式也逐渐形成，在本地区甚至全国拥有一定的知名度，"以学养学"民办高校的第一次创业基本上取得了胜利。在高等教育大众化阶段，民办高等教育是大众化的中坚力量，高等职业教育是大众化的突破点。民办高校在下阶段的高等教育大众化中大有可为，不仅可以承担高等教育大众化的重任，而且一部分特别优秀的民办高校可以突破藩篱，跻身中国高水平的研究型大学。但这一切要取决于"以学养学"的民办高校是否能够成功地进行第二次创业，走一条更加科学的发展之路。

（1）高校间的联合和资源共享发展。民办高校在办学资源有限的情况下实现不断发展，一方面要提高本校有限资源的利用率，节约成本、提高效益；另一方面要充分利用其他高校的资源谋求更好的发展。"以学养学"的民办高校在完成原始资本积累之后，生存下来的高校规模不一，质量也是良莠不齐。这种情况下民办高校发展必须不断借助外力。区域内发展状况良好的民办高校之间进行全面合作，资源共享、学分互认、联合培养，以提高优先办学资源的利用率。与公立高校合作培养研究生，为学校独立培养研究生积累经验。

（2）集团化发展。一所"以学养学"的民办高校取得一定的成绩，积累了一定的办学资金，并拥有一定的社会声誉后，可采取并购其他的学校的方式，利用母体学校的管理经验和社会声誉，形成连锁经营，走集团化发展模式，增强学校抵御风险的能力。

（3）民办公助发展道路。能够得到政府的财政补贴对于民办高校的发展有利，特别是在中国民间捐助民办高校不力的时代。同时国家资助一部分发展状况良好的"以学养学"的民办高校要比新建一所高等院校所付出的少，得到的多，对于国家和民办高校而言是双赢的。前提是出现一批有丰富的办学经验、较高的教育质量以及良好的市场声誉的民办高校，并且学校举办者不以营利为目的，必要时可将所有权转让给国家，但仍有学校经营管理权。国家对民办高校的支持也是多方面的，可以是直接的财政拨款、生均拨款，也可以是将民办高校纳入国家事业单位范畴等等，以提高民办高校的社会地位，促进其良性发展。

（4）民办高校与企业的联合。一些"以学养学"发展起来的民办高校具有非常明显的行业特色，为行业内企业输送大量的优秀人才，行业内企业对人才培养也非常关注。民办高校与行业内企业联合，企业为民办高校的发展注入大量资金，民办高校和企业之间进行深入的产学研合作，学校运营的赢利一部分返还给企业，一部分留作民办高校的发展资金，同时，民办高校向企业提供各种社会服务，企业将报酬以无偿投入的形式注入学校发展资金，实现企业和民办高校的互利双赢。

（5）股份制发展模式。"以学养学"发展的民办高校以生源为生命线，其实质是资金投入的问题，在市场经济下，股份制作为融资的主流方式也应为民办高校所服务。民办高校应将学校的股权分为学校内部和外部两部分，外部股权是为了吸取更多的资金办学，内部股权是为了民办高校内部稳定，将学校的发展和稳定结合在一起。

2. 道路选择——错位发展

民办高校作为高等教育的分支，其自身也是一个完整的体系，与公立高等教育的发展有所区别，同时在体系内部也存在水平、类型的区分，因此，作为民办高校的一部分，"以学养学"的民办高校采取错位发展战略是抓住机遇、发挥优势的必经之路。

所谓错位发展理念，是行为主体依据自身的条件，理性地选择一种与竞争方有所不同的发展方式和路径。错位发展理念体现了一种求异思维和差异化战略，其目的就是为了在日趋同质化的竞争中摆脱困境或培育优势。错位发展理念是一种道路选择，是制定学校发展战略的指导理念，具体到民办高校发展道路上会有多种表现方式。其实质是要摆正位置、找准优势、抓住机遇。对于"以学养学"的民办高校而言，错位发展理念展现到发展战略上有以下相互联系的层面：

（1）错位发展的本质——科学定位。确定自身在民办高等教育和整个高等教育体系中的位置。错位发展理念本质上就是要求"以学养学"的民办高校科学、合理地定位，避开其他高校的优势区域，为社会提供多元化的教育服务和培养多规格的人才，这也是高等教育公平发展和避免结构性失业的措施之一。相对于公办高等教育而言，"以学养学"的民办高校应该主要以发展职业教育为主要目标，探索应用型人才培养，为经济转型发展提供大量的应用型人才和一线技术人员。服务对象应以区域社会经济为主，将自身的发展与区域社会经济发展融为一体，以自身的优势服务于区域社会经济进步，为区域社会经济发展培养所需要的人才、提供区域化的科技服务。

（2）错位发展的基础——特色。利用自身的相对优势和绝对优势，结合服务目标特点，培养差异化发展优势。就一所高等院校而言，特色主要是培养目标的特殊性、优质性，体现在专业方向设置、课程体系建设等方面，民办高校利用自身优势和历史沉淀发展优势学科专业，并形成学科群优势。大部分"以学养学"的民办高校的培养目标应与区域内的综合性大学区别开，确立自身独特的竞争优势，形成与众不同的发展空间。通过错位发展形成特色，实现创新，构建起自身的核心竞争力，会有效地促进高校快速、高效发展与核心竞争力提升之间的良性循环，提升了整体办学实力和灵活应对市场竞争的能力。

（3）错位发展机遇——创新。密切关注社会发展动向，不断创新管理制度和发掘新的生长点。高等学校的发展是稳定性和创新性的结合，稳定性是为了促成专业优势成长、沉淀学校特色，创新是为了更好地把握时代精神，高等教育是坚守过去但更指向未来的事业。"以学养学"的民办高校若想在竞争激烈的高等教育市场中脱颖而出，并且能够保持自身的优势，必须不断进行创新。不断优化内部治理结构，建立现代大学制度和法人治理结构。创新财务管理制度，提高有限资源的利用率，创新师资队伍的招聘、培养、激励机制，为学校的发展提供最好的制度保障。用发展的眼光和理性的思维去客观分析学校服务区域和整个社会的发展方向，努力做到当下培养人才适销对路和人才培养先行于社会发展相结合。

（二）民办高校"以学养学"发展模式的路径依赖

发展不仅是增长，不仅仅是整体规模的扩大，发展也意味着改变，意味着结构的转变，意味着旧制度的淘汰和新制度的建立。民办高校的发展不仅是高校数目的增多、在校生规模的增长，而且意味着民办高校整体结构的优化、内部质量的提高等。目前，我国民办高校的发展主要目标是转变先前粗放型的发展模式，寻求可持续发展道路。改变民办即低质的社会刻板印象不仅仅需要国家政策保障和舆论宣传，重要的是民办高校自身质量的提升。在当今背景下，我国的民办高等教育若要持续发展，必须与时俱进，采取错位发展战略，做好以下工作：

1.以保证生源数量、优化生源质量为基础

民办高校之间存在竞争，民办高校与公立高校之间也存在竞争，这种竞争主要集中在生源方面的竞争，特别是"以学养学"的民办高校，生源

是关系学校生死存亡的关键因素。面临高考生源数量性和结构性减少，高校之间的生源竞争更加激烈，公立高校扩招又引起民办高校优质生源的减少。如何保证生源数量和优化生源质量就成为"以学养学"的民办高校面临的挑战。

对于所有民办高校而言，一个高的就业率对学生都会有很大的吸引力，特别是现在人们选择高等院校时文凭倾向的降低和寻找工作机会的愿望上升。就业率是由社会人才需求结构、数量和学校培养人才质量所影响，在经济发展的不同时期，人才需求结构和总量是有所变化的。高校培养人才具有周期长的特点，而一所高校的专业特色和优势在短时间内也难以形成，所以民办高校一定要准确预测人才需求的未来趋势，而不能仅仅关注当下，专业设置要在稳定性和适应性之间寻求平衡，建立动态的专业调整机制，以优势专业吸引优质生源。我国职业教育和普通教育的并轨制影响高校招生生源，未来教育改革要将职业教育和普通教育融合，所以未来职业教育的生源会大幅增长，民办高校要利用自身实用型人才培养的优势和资源，不断优化自身职业教育质量，争取在下一轮教育改革时突破发展。

对于"以学养学"的民办本科而言，在保证生源数量能够维持学校运营的基础上，应努力争取优质生源和加强国家合作。民办高校在应用型人才培养方面积累了丰富的培养经验，在产学研合作、校企合作、校地合作方面建立了较为成熟的合作体系，民办高校在培养专业硕士研究生方面积聚了一定的优势。有实力、有条件的民办高校应该积极申请实施专业型硕士研究生培养。民办高校在国际高等教育合作中因机制、体制灵活而优势凸显，伴随着我国开放程度的加深，参与国家高等教育的实力增强和机遇增多，应坚持走出去和引进来战略，吸引留学生入学，特别是高等教育落后地区的学生，优化生源结构的同时增加生源数量。

2. 以提升内涵质量为核心

民办高校在发展初期都是以量取胜，依靠学校规模膨胀，收取学费，维持学校生存，这是典型的粗放式的发展模式。当下我国民办高校的发展，要保持一定的规模，以维持学校基本运营，但必须是在质量提升基础上量的扩张，必须是内涵提升基础上规模的增长。民办高校内涵建设追求是质量提升的标准，同时也是质量提升的路径和动力。高校内涵发展是以质量为核心的发展，以办学效益为目标。应以更理性的眼光看待数量和质量、规模与效益的关系。高等教育质量提升是一个体系和过程，包含了从科学定位发展到优化学科专业设置，从物质保障条件提高到深化科学的办学理念，从教师队伍建设到人才培养模式的探索等，也是从办学理念生成到具体教学执行的过程。

首先，对学校进行科学定位，把国家对民办高等教育的政策、国家经济发展趋势、区域经济发展特色和学校自身的优势、特色有机结合，形成具有学校特色、区域优势的人才培养模式，避免好大求全的误区。其次，必须有学历合理、职称结构、年龄结构合理的师资队伍，增加专职教师的数量和比例，完善教师在职培训和进修制度，保证基础教学水平。引进高层次的专职人才，聘请兼职知名企业高级工程师，提升专业师资竞争力。最后，加大教学相关设施投入，虽然师资队伍建设很重要，但现代高等教育所依赖的物质条件已经复杂化、专业化。教学、实践所需要的仪器设备以及及时更新的充足图书资料，是提高教学质量所必需的物质保障。

3. 以科学的办学理念为支撑

办学理念是在教育观念和教育理想的基础上形成的，用来指导学校发展方向的理想信念，办学理念可以是预设的，也可以是理论与实践的结合物，但办学理念一旦形成会渗透到学校工作的各个环节中，影响学校的实际办学行为。科学的办学理念对于民办高校而言是一面旗帜和纲领，不仅仅是招生宣传中的噱头，更重要的是对民办高校的办学方向、办学行为有着重要的指导意义。民办高校的各种危机，其实质是办学理念不科学而引发的危机。民办高校能否确定一个科学的办学理念，指导学校下一阶段的发展，关系到在下一段竞争中的成败。虽然民办高校出现开始是为了满足更多的适龄青年接受高等教育的需求，这就决定很多民办高校秉承使更多的适龄青年接受高等教育的理念办学，同时为了维持学校的生存，招收更多的学生也成为必然选择，但不排除其中因营利目的而导致的短期办学行为。

未来民办高校办学应超越于先前的办学理念，树立更加科学、合理的办学理念。我国高等教育公平已经从机会公平向质量公平发展，求学者不仅仅是寻求一个就学机会，而是在择优而取。伴随着高等教育大众程度和高等教育国际化的加深，高等教育的多元化趋势明显，随之而来的是多元化的质量观、教学观。我国正在经历社会经济的转型期，对人才需求表现为多样化、差异化、应用化。为了适应以上的变化，不断修正学校的发展，民办高校必须树立让更多的适龄青年接受优质的多元化高等教育的理念，以提供多元化、差异化、优质化的高等教育服务作为学校的发展目标。民办高校将走出公立高校配角的地位，必将成为下阶段高等教育大众化的主角，生源竞争也必须从拾遗补阙转变为吸引优质生源，将提升质量置于办学工作的中心，以质量吸引更多的优质生源。以办学的社会效益为基准，协调学校规模和社会效益之间的矛盾，将办学的社会效益发挥到最大。最后，学校发展眼光不能囿于有限的时间和空间，面向未来是民办高校发展的动力，走向国际是民办高校的发展机遇。

4. 以完善内部制度建设为保障

高等学校的内部制度是机构内共同的行动准则和办事章程，对于高等教育而言，制度的意义更加丰富，高校内部的制度是办学理念和实际办学行为之间的中介，是高等学校实现内涵建设的保障，离开制度框架，任何办学理想和理念只能停留在观念层面。民办高校的发展不能完全依赖国家的政策支持，必须在国家现有政策和法律允许的范围内，主动进行内部管理体制改革，完善内部的制度建设，转变松散的、粗放型的管理模式和经营方式，将学校的教学、学生、人事、财务、后勤等各项工作引向依据制度运行的轨道。利用制度来激发工作人员的积极性，提高办学的效率和效益。建立完善的内部制度，意味着明确民办高校内部的责、权、利，保证权利主体在充分享受权利的前提下，严格履行自身的责任。为了明确举办者、管理者、学习者之间的责、权、利，保障民办高校健康发展，民办高校必须完善以下相关制度：

（1）建立法人治理结构制度。民办高校是民间资本建立，在长期的管理过程中大多形成一个或几个核心管理者，由他们主宰学校的发展，在民办高校组织简单时期是比较有效的管理方式，但在组织结构膨胀后，这种集中制的管理体制的缺点显露出来。建立法人治理结构制度，将学校举办者和管理者分开，也就是将决策权和管理权分离，实现决策民主、管理科学。主要内容为建立实质意义上的董事会制度，核准校长遴选的标准，明确董事会、校长、书记之间的关系和权责。

（2）建立健全的财务制度。民办高校倒闭的原因之一就是举办者或者管理者将学校的办学资金非法转移到个人，造成学校发展资金严重紧缺。民办高校要建立资产管理制度、财务会计制度、内部财务监督制度等，提高资产管理的科学性、透明度及可监督性。

（3）完善人事制度。民办高校的人力资源不存在先天性的优势，但建立完善的教师和管理人员聘任、培养、深造制度，可以很大程度上弥补这种劣势。知人善任，把工作人员的优势充分发挥出来，同时将学校发展状况与学校全体工作人员的切身利益相结合，提高他们的主人翁意识。

（4）健全教学管理制度。主要内容包括教学质量管理和教学过程监管，主要通过对教学各环节进行精心设计和科学监管，建立健全教学准入制度、教学质量管理制度、教学研究制度、教学交流与表达制度、教学改革制度、教学经费投入与使用制度、教学反思制度等都是不可缺少的。

5. 以内部不断改革进取为出路

教育领域的改革作为社会改革的有机组成部分，是基于教育事实，为了更好地实现教育目标，对教育事实进行的温和的、理性的反思和建构。在教育改革应该遵循教育基本规律的前提下，应把握教育时代性和历史性、多样化和个性化的改革逻辑。高等教育领域的改革除了坚持教育改革的逻辑外，还要坚持学校改革的学术性方向、适应性原则、协调性原则、国际性和民族性相结合原则，主动地适应社会、经济发展的需要。作为教育系统的子系统，高等教育满足社会和经济发展的需要，是以培养人才为载体，在改革中，必须首先满足培养全面发展的人的需要这一高等教育内部关系的基本规律。

民办高校作为高等教育的组成部分，应然承担着为国家输出人才、发展科学、直接为社会服务的责任，但我国改革开放以来的民办高校基础薄、历史短，发展状况不可与公立高校同日而语，自身发展也存在很多问题，因此，不断推进民办高校内部的改革，对于促进民办高校的自身发展和对社会做出更多的贡献意义重大。伴随着高等教育国际性的回归和不断深化，高等教育的国际交流更加频繁，民办高校只有不断进行内部改革才能在高等教育国际化中占有一席之地。民办高校的内部改革涉及学校工作的各个环节，民办高校的内部改革以人才培养的环节和学校管理为内容分为如下内容：从招生方式、招生结构的改革到学生日常管理的改革；从实践性教学改革到人才培养模式的改革；从教师招聘、培养、深造的改革到教师结构的改革；从学校产权制度的改革到财务制度的改革，从资金筹措渠道、方式改革到发展模式改革。民办高校内部改革是一个系统的工程，不可能毕其功于一役，所以民办高校要制定学校内部改革战略，但战略实施的过程关乎改革战略的成败，所以民办应该规划严谨的战略实施体系，积极调动全体利益相关者的积极性，保证民办高校沿着既定改革目标前进。

第二节　民办高校转型发展下的科技创新服务

通过分析科技创新服务在民办高校转型发展中的地位以及存在的问题，提出改进民办高校科技创新服务的策略，可以推动民办高校科技创新工作更好地服务于高校的转型发展，为创新型人才培养提供支撑。

一、民办高校转型发展下科技创新服务的地位

（一）科技创新服务是实现民办高校特色发展的必由之路

特色是民办高校可持续发展的动力，目前，民办高校科技工作普遍存在基础弱、人员少和水平低等状况，而改变这种现状的捷径就是选择特色化发展。特色化发展是民办高校转型发展中科技创新工作的方向。国家鼓励和支持民办高校开展科研活动，形成办学特色，民办高校应将开展科研活动作为提升教师教学能力和水平的重要途径之一，将科技服务作为民办高校紧扣市场需求、优化专业结构和提高技能型人才培养质量的手段，逐步形成科教融合的办学特色。另外，民办高校能否进入"一流民办大学"的建设行列，关键要看学校的科研水平与学术影响力、培养的应用型人才质量；民办高校能否进入"一流学科"的建设行列，关键要看学校的学科特色和办学实力，依靠的就是较强的科技创新能力指标。

（二）科技创新服务是应用型创新型人才培养的活力之源

民办高校若要建设"高水平应用型大学"，须认真思考科教协同、产教融合这两个核心命题，思考如何将科研项目特别是横向课题作为学生创新创业训练项目、项目化课程。鼓励学生参与教师的科研活动，在教师的指导下搜集、整理、分析有关资料，在实践中培养学生的创新思维和创新能力。在推进应用型本科人才培养模式的改革中，要始终坚持科教协同、产教融合的原则，运用现代信息技术手段改进教学方法，培养富有创新精神和实践能力的创新型、应用型、复合型优秀人才。应用性科研、科技创新和应用型创新人才培养的有机结合，成为民办高校转型发展中重要的战略选择其中，应用性科研既是高水平民办高校核心竞争力的关键，也是应用型创新人才培养的源头活水。

二、民办高校转型发展下科技创新服务的问题

民办高校在科研方面存在起步晚、学术积淀少、资源稀缺、条件较差、投入有限、教师科研意识薄弱和科研团队匮乏等问题，总体上科研实力不强。

第一，科技创新意识淡薄，科研氛围不浓。民办本科高校多为教学型或教学服务型大学，与公办高校相比，民办高校普遍存在"重教学、轻科

研"的现象，部分教师仅满足于完成基本的教学与科研工作量，缺乏积极参与对外学术交流的主动性和积极性，导致自身的学术视野不够宽广，难以跟上前沿步伐；民办高校举办的学术讲座学术报告少，主办或承办的全国性会议也不多，对外影响力较有限，还未形成全员参与科技创新的氛围，缺乏对科研工作的正确认识。

第二，科研团队建设不足，学科研究方向不清。一支结构合理、分工明确且富有团队精神的科研队伍，是学科可持续发展的关键。目前，民办高校科技创新团队建设尚处于起步阶段，整体实力较弱，在职称结构、学历结构及知识结构等方面还有待优化与提升。一方面，科研人员的团队意识与合作意识欠缺，成员流动性大，学科研究方向相对分散且与教学、人才培养缺乏关联度，单兵作战现象明显，学科方向亮点不足；另一方面，学科梯队结构存在诸多问题，高素质、高水平学科带头人和青年博士缺乏，造成科技创新人才后继乏力。

第三，科技服务能力不强，科研产出成效低。与公办高校相比，民办高校获得的省级重点学科和重点实验室、工程技术中心、人文社科研究基地等科技创新平台较少，学科建设和科技创新水平有待提高，科技服务能力有待加强。部分民办高校虽然成立了校级科研机构，在促进学科建设和科研发展中起到了一定作用，但在发挥作用的范围、深度和广度上仍十分有限，科研产出对服务地方经济起到的作用甚微。

第四，科技管理制度僵化，科研评价导向偏差。民办本科高校在创立之初往往借鉴公办高校的科技管理制度，大多以科研成果为导向，忽略研究过程的管理，存在"重立项、轻检查"的现象。成果导向型的科技管理制度注重刊物等级、论文数量、专利数量、获奖等级及经费到账等指标，容易导致教师在科学研究和社会服务方面的短视和功利化。科技管理制度的僵化主要表现在成果管理制度上，即过分强调科研项目管理中指标的量化，对项目的验收管理和成果的应用转化明显乏力，造成科研工作的异化。大量经费的投入，其产出仅仅是在普通期刊上发表若干篇论文，或者是申请一些不能实际应用的专利号。此外，应用性科技成果转化率偏低，导致市场接受度低，反过来又降低了教师转化科技成果的积极性，达不到激励的最初目的。

三、民办高校转型发展下科技创新服务的策略

高校是科技第一生产力、创新第一动力和人才第一资源的重要结合点，高水平应用型大学是区域创新驱动发展的重要支撑，关乎区域创新体系建设。

民办高校作为供给侧人才改革发展基地、高校转型发展的主体，必须充分发挥高校推动科技进步和创新的生力军作用，加强科技创新，提高创新能力。

（一）增强科技创新意识，营造良好科研氛围

科技创新是大学教师和科技工作者的光荣使命，对于一线教师，学校要努力提升他们参与科研活动的荣誉感、责任感，增强其科研意识；对于科技工作者，要强化其创新意识，努力培育良好的学术氛围和科研环境，加大对科技工作有突出贡献人员、重要学术成果和成果转化的奖励力度。民办高校可以定期召开科研工作会议、组织学术研讨活动，通过介绍国家科研政策的趋向、解读学校各项科研政策等，鼓励教师参与科研活动，把教学成果和科研成果结合起来，积极申报科研、教学的成果奖，还可以针对不同层次、不同需求的教师分别开展科研指导，如召开新入职教师科研培训会、举办中青年教师科研能力提升培训班和科研骨干教师高级研修班等。此外，还要加强科研诚信和学风建设，营造鼓励探索、宽容失败和尊重人才、尊重创造的氛围。

（二）构建科技创新团队，凝练学科研究方向

培养一批有潜力的优秀中青年人才和多学科合作的科研团队，是民办高校科技创新工作的重要任务之一。一线教师既是学校科技服务的主体，又是学校教学的主体，因此，民办高校要在科技创新实践中重点培养这一群体，使其成为优秀创新团队，为高层次项目申报、技术创新和科技服务储备力量。同时，还要根据办学定位、学科发展趋势、同类院校学科建设水平、自身学科基础、条件与优势等不断凝练学科方向，在每个学科下（或之间）逐步形成若干相互支撑、特色突出、优势明显且相对稳定的主要研究方向，以学科特色彰显办学特色。围绕地方产业结构调整与转型升级，将能为地方经济社会发展做出独特贡献的应用型学科作为主攻的研究方向。

（三）提升科技创新能力，服务地方经济发展

学术研究和科技创新，是建设高水平应用型民办高校的重要内涵。民办高校面向市场办学，以市场需求为导向，其科技成果产出支撑应用技术研发和人才培养，支撑市场需求的供给，同时以市场资源的回报反哺学术研究。应用型高校要与研究型高校、科研机构和企业共同搭建科技创新平台，如共建实验室、工程训练中心、孵化空间及软科学研究基地等，联合申请、承担

政府及企业的科技项目，孵化培育高层次项目，不断提升科技创新和服务社会的能力。民办高校转型发展必须强化应用性科研导向，以应用研究和开发研究为主，努力促进科技成果的转化，直接服务于地方经济社会的发展，服务于行业、企业的技术更新与改造，服务于应用型人才的培养。

（四）完善科技政策体系，优化科技评价机制

民办高校应根据自身特点建立适合本校的科技管理制度。对处于初创期的民办高校而言，适当借鉴公办高校科技管理制度是行之有效的办法。但随着科研工作的深入，民办高校必须根据新情况、新形势及时进行调整、修改和完善，在考核奖励、职称晋升、绩效分配、评优评先、学历提升和访学进修等方面制定合理的学科建设与科研激励制度，全面调动教职工的科研积极性，推进科技创新团队建设和科研水平提升。要对重点学科、创新团队和创新平台进行分类考核，实行动态管理。要将科研纳入教师的年度考核，实行教学与科研并行的考核制度。对科研工作量大、业绩突出的教师适当减免教学工作量，或以科研工作量抵充部分教学工作量，以鼓励和支持有科研潜力的青年教师投身科研工作。

第三节　民办高校在新媒体环境下的影响力建设

"在当前的新媒体环境下，民办高校应当主动适应新媒体环境，顺应融媒体时代的发展趋势，依托新媒体强化民办高校品牌的建设与宣传，提升学校的社会知名度，从而实现可持续发展。"[1]对于民办高校而言，需要引入新媒体平台，以此支持民办高校品牌建设与优质形象塑造，更好地维护并扩大民办高校品牌的影响力。

一、基于新媒体平台的民办高校品牌建设的内容

（一）基于新媒体平台的民办高校品牌服务建设

基于新媒体平台的民办高校品牌服务建设包括：第一，消息推送服务。

---

① 王延萍.新媒体环境下民办高校品牌影响力的建设[J]. 现代营销（经营版），2022，（2）：138.

通过利用新媒体平台，民办高校中的师生能够更好地完成沟通交流，提升教师传输知识与获取信息的效率。第二，用户管理服务。针对新媒体平台中的所有用户实施分组处理，对于民办高校而言，可以将学生用户划分为在校生、应届毕业生、毕业校友等组群，并在此基础上实现对信息内容的针对性、个性化推送。依托这样的操作，可以促使不同个体迅速获取其感兴趣的、需要的信息，提升其对于新媒体平台推送内容的关注度与接受程度，也可以达到增加相应新媒体信息转发率的效果。第三，大数据统计服务。当前的新媒体平台普遍具备后台统计功能，依托对该功能的利用，相关管理教师可以迅速完成用户统计图表的绘制，直观展现出用户数据、信息发送与接收数据等，从而挖掘出用户的行为模式，为后续服务的优化提供参考。

（二）基于新媒体平台的民办高校品牌形象建设

基于新媒体平台的民办高校品牌形象建设，需要关注以下方面：第一，便携性与互动性。新媒体平台的开放性相对较强，传播方式多样，传播面积更广，此时，用户能够直接与平台管理教师之间展开畅通的双向沟通。同时，依托新媒体平台，用户也可以发掘其他用户，并实现横向信息沟通。第二，丰富性的信息传递。利用新媒体平台展开信息传播，可以完成文字、图片、音视频等多种形式信息的大范围传输，促使信息传达的丰富性表现出明显提升的趋势。此时，用户可以结合现实需求逐一查询信息，降低二次传达信息的产生概率，从而达到更好保障信息传递准确性的效果。第三，个性化与趣味性。新媒体平台有着包容性强、自由度明显的特征，以此为基础落实形象塑造，能够进一步提升形象的生动性。同时，从信息传递的角度来看，依托新媒体平台的信息传递，可以实现对更为丰富的语言文字的利用。总体来看，基于新媒体平台的民办高校品牌塑造，能够更好满足当前学生与家长的非传统心理需求。

二、新媒体平台在民办高校品牌建设中的应用优势

（一）可以提升民办高校的知名度

民办高校普遍有着建校时间相对较短的特点，师资力量相对薄弱，生源更为单一，在社会中没有极高的知名度与影响力，在新媒体时代背景下，民办高校的知名度与社会影响力的提升有了新手段。对于新媒体平台而言，

其在信息传播时不会受到时间因素与空间因素的限制，能够更为随意地完成信息传播与沟通交流，因此，信息传播速度更快。通过利用新媒体平台的展开民办高校品牌的建设与宣传，能够让更多受众了解民办高校，以此促使民办高校的知名度与社会影响力呈现出大幅度提高的状态。

（二）可以提升舆论掌控及应对能力

高校新闻一直是广大人民群众关注的重点内容，特别是在发生重大事件之后，社会关注度与讨论度将迅速提高，相应内容也成为舆论焦点。对于民办高校而言，由于其自身具有一定的特殊性，所以更容易被外界利用，从而引起更为强烈的讨论关注度。基于这样的情况，民办高校必须具备更为强大的舆论掌控与应对能力，才能在社会范围内树立起更为正面、健康的品牌形象，实现民办高校的可持续发展。发生重大突发事件后，一些民办高校无法在第一时间完成妥善处理与正向的舆论引导，那么学校就会转入被动，不利于其更好地生存发展。此时，需要引入新媒体平台，以此支持民办高校品牌建设与优质形象塑造，保证可以对社会舆论进行全面监测，第一时间介入重大事件发生后的舆论引导工作中，迅速化解危机，把握主动权，实现对民办高校品牌的有力维护。

（三）可以提升学校品牌宣传力度与广度

新媒体平台的应用以及融媒体的建设，使得民办学校在信息传播方面能够收获更为理想的成效，从品牌建设与宣传的角度来看，宣传力度与广度均表现出大幅度提升的水平。在融媒体的支持下，能够实现对宣传内容的全覆盖，以此驱动民办高校品牌宣传成效达到更为理想的水平。同时，融媒体促使平台与内容的有机融合成为现实，推动民办高校媒体实现立体化的、全方位的发展。

三、新媒体环境下提升民办高校品牌影响力建设路径

（一）利用融媒体优化民办高校品牌建设

民办高校应当主动适应新媒体环境、顺应融媒体时代的发展趋势，在校内组建起品牌推广中心、影像制作中心等，支持新媒体内容的高质量生产。实践中，安排专人参与校内各项活动的宣传工作，包括科研活动、学术讨论活动、文体活动、学生竞赛活动等，及时获取大量的活动素材，丰

富民办高校新媒体账号发布的内容。在此基础上，应当充分发挥出学生组织的力量，设置新媒体中心、校园广播电台等，联合学校宣传指导教师共同推行基于媒体融合的学校品牌宣传工作。

实践中，民办高校应当积极打造校园融媒体，积极借鉴现有的融媒体典型案例，吸纳先进经验，制订民办高校长期性宣传计划、短期性宣传计划、招生期间强化宣传计划等。结合融媒体中心的集成搭建，促使民办高校的校内媒体矩阵得以生成，以此实现对校园媒体生态圈的更好营造。在此基础上，还要对融媒体内容生产机制落实持续性的更新调整，提高民办高校品牌宣传效果。要求内容上有亮点，且可以突显学校特色；构建集成采编、发布的校园媒体系统，所有素材均在该系统内汇集，优选宣传部门结合实际需求提取素材并进行发布；依托在校学生组建校级传媒组织，定期制作符合民办高校现实发展情况、品牌建设与宣传需求的内容，在新媒体平台内及时发布，以此实现对民办高校品牌建设的进一步优化。

民办高校可以加大对所有宣传阵地的维护与管理力度，安排专人承担起多个平台（包含传统媒体平台与新媒体平台）的日常运营任务，结合民办高校实际情况制定并推行基于新媒体平台以及宣传工作的管理办法。在此基础上，落实对校内所有宣传平台的整合处理，包含校报、校园广播电台、校园官网、校园微信公众号、视频平台账号等，促使媒体联动传播成为现实，确保宣传内容可以依托多种宣传渠道传递至受众。

在民办高校的实践中，应当落实对品牌构建工作理念的及时性更新，逐步推出基于多渠道整合、全媒体协同的宣传路径。在此基础上，还应当对管理机制实施持续性优化完善，保证管理实践中赏罚分明、流程规范、协同分工、职责清晰，以此在民办高校内生成融媒体格局。另外，可以定期组织宣传工作会议、评优评先活动，充分调动起民办高校宣传队伍的工作积极性。在招生阶段，民办高校应当尽可能在新媒体平台中，发布更为全面的校园信息，包括软硬件设施、校园活动、社团活动展开情况、科研成果、考研与就业情况等，确保学生家长可以更及时、全面地了解学校。此时，民办高校可以利用微信公众号、抖音、官网等渠道，大范围推送学校信息，以此获取到更为理想的民办高校品牌推广成效。

（二）结合新媒体平台更新校园服务内容

（1）基础服务的优化提供。第一，结合利用文字、图片与音视频资源等，拉近与学生之间的距离，改变信息传播受限；第二，积极开发移动终端新功能,如民办高校微信公众平台的福利墙等,提升学生在日常学习生活中对新媒体平台的利用程度;第三,结合各类校园活动展开粉丝转化,降低学生的"取关率";第四,持续性提高新媒体平台的互动性,增强粉丝黏性、扩大粉丝基数。

(2)整合利用微信公众号与直播平台。整合各种新媒体平台展开宣传或是提供服务,是当前民办高校变革新媒体平台服务内容的重要手段,能够吸引更多社会关注,增大学校各类活动的宣传规模。例如,在中秋节前,民办高校可以利用微信公众号组织"说一说为什么你中秋节不想回家?"的线上分享活动,随机抽选几名参与者公开其不想回家或是不能回家的理由。同时,依托直播平台,让抽选出的参与者与家长进行"面对面"(线上)交流,并公开整个交流过程,让更多在校师生观看。

(3)推行线上图书馆借阅服务。在民办高校的微信公众平台上签写承诺书,要求参与者在规定时间内完成一定数量书籍的阅读,并提交读后感。此时,学生可以在线上获取数字图书资源,登录账号即可自动记录学生的阅读状态。当学生完成相应任务后,可以获取一定金额的奖学金作为奖励。通过这样的活动方式,能够提升学生参与阅读活动的积极性,逐步让学生养成良好的阅读习惯。同时,结合"百万读者肯定读过的书"等新媒体软文的及时推送,完成好书推荐与宣传,吸引更多学生参与。

(三)利用新媒体平台更新品牌宣传策略

1. 把握关键时间节点进行宣传

精准把握关键时间节点展开学校与专业的宣传,促使基于新媒体的民办高校品牌宣传工作"事半功倍"。实践中,需要切实把握高考、考研、考公务员、传统节日等时间段,利用新媒体平台向学生与家长展示学校信息,更好地完成学校品牌建设,以此达到提高民办高校品牌宣传效果的目标。

2. 重视及时更新宣传内容

(1)以"权威性"为切入点设定宣传内容。首先,可以利用权威人物展开民办高校品牌宣传。可以在新媒体账号中发布"招办主任拍了拍你""招办主任面对面"等内容,利用招生政策的权威性吸引学生与家长的关注。尽可能强化学校自有新媒体平台与社会新媒体平台之间的合作,进一步增强宣传效果。其次,利用权威媒体展开民办高校品牌宣传。充分发挥出学校"两微"媒体与官网的优势,联合招生办新媒体平台、各学院官网等媒体，形成宣传合力，利用这些官方媒体平台的权威性吸引学生与家长的关注。民办高校应当主动与中央、地方权威媒体展开合作，以报考为主题制作多种宣传活动策划。最后，利用权威产品展开民办高校品牌宣传。创新制作招生宣传片、学校品牌形象宣传片等，也可以投放大量以学校生活为主题的小视频，提升民办高校品牌的宣传效果。

（2）以"全面性"为切入点设定宣传内容。提取学生与家长更为关注的信息展开全面性宣传，包括民办高校的招生人数、特色专业项目、专业培养方向、招生政策变化、师资力量等，提升宣传工作的实效性。在此过程中，可以依托新媒体平台，全方位为学生与家长介绍学校的硬件设施与软环境，展现本校优势；及时引入针对性更强的展示与宣传，结合学生不同条件为学生推送更适合的专业。

（3）以"创意性"为切入点设定宣传内容。首先，创新视频内容。切实把握新媒体的传播特点，保证基于新媒体平台播放的视频具有内容精练、时间短、节奏快、镜头更具美感、背景音乐感染力更强的特点，促使传播效果达到更为理想的水平，提升视频点击量与完播率。其次，把握形式的多样性。民办高校在展开专业宣传的过程中，可以利用多种形式完成。例如，邀请各专业颜值较高的学长学姐向学生介绍学校生活与专业学习情况；邀请专业内的优秀教师进行权威性更高、专业性更强的讲解，向学生展示专业内涵；利用多样的形式展现专业学习生活，更符合现代年轻人的审美等。通过这样的方式，能够获取更好的专业宣传效果。最后，设置趣味性更强的内容，如"小哥哥小姐姐告诉你选择本校的理由""小哥哥小姐姐带你看《新生百问》"等，吸引更多学生关注，进一步增强传播效果。

（四）借力新媒体完善民办高校品牌营销

（1）在年末利用新媒体平台展开年度事件的回顾点评，依托对民办高校在当前实际发生事件与活动的回顾，引起学生及学生家长的共鸣。同时，还可以依托这样的活动向社会宣传民办高校在当前取得的成绩，展示学校的社团风采、校际交流情况等，提高民办高校的社会知名度与影响。

（2）在新媒体平台上传播民办学校文艺会演主要内容、精彩片段，也可以在视频平台中发起直播，实现对民办高校更好的宣传，为后续招生工作的更好展开、学校品牌营销的进一步完善提供支持。

（3）结合校园活动定期在新媒体平台上传自制视频，也可以联合学生社团、不同专业的学生进行自制影片的制作并在民办高校的官方账号发布。依托这样的方式，不仅能够强化学生对于民办高校的归属感以及活动参与成就感，还可以在社会中引发更大范围的影响，提升民办高校的知名度与影响力。

（4）定期在民办高校的新媒体平台账号中，发布优秀书影作品推荐信息，丰富新媒体平台账号中发布的内容。在此过程中，可以通过组织影评活动，设置一定的奖励，以此引发更多师生参与讨论，提升新媒体账号中内容的优质性与原创性，支持民办高校正向品牌形象的树立。

综上所述，利用新媒体平台展开民办高校品牌的建设与宣传，能够让更多受众了解民办高校，以此促使民办高校的知名度与社会影响力呈现出大幅度提高的水平。通过利用融媒体优化高校品牌建设、结合新媒体平台更新服务内容、利用新媒体平台更新品牌宣传策略、重视民办高校品牌的持续性维护、借力新媒体完善高校品牌营销，实现了民办高校品牌建设与宣传工作的升级，驱动了民办高校的可持续发展。

第四节　民办高校创新创业教育品牌及构建研究

一、民办高校创新创业教育品牌化建设意义

"作为民办高校，开展创新创业教育既是时代的要求，也是提高自身竞争力的需要。"[1]民办高校通过创新创业教育品牌化建设，可以促进学校的资源整合，以创新创业教育理念带动专业教育的创新和发展，提高自身的核心竞争力。作为我国高等教育重要组成部分的民办高校，开展创新创业教育，是顺应国家和政府政策的要求，办好创新创业教育，创造出特色品牌，更是突显优势获取政府和社会的信任和支持的一次机遇。

通过创新创业教育品牌化建设，可以带动民办高校整体教学质量、提高社会美誉度。品牌是一种无形资产，不但方便消费者识别企业或产品，还有利于企业树立良好的社会形象，这里面的核心就是要有过硬的产品质量。教育产品行业的本质就是学校提供教育产品和教育服务，通过教师这个群体将教育产品和教育服务传递给学生。创新创业教育品牌化的关键就

---

[1] 黄声巍.民办高校创新创业教育品牌的定位与构建[J].农村经济与科技,2021,32(8):311.

是学校打造优质的创新创业教育产品（优质的创业课程、创业实践活动、与其他专业教育相融合的创新创业教育方案等）以及提供优质的创新创业教育服务（提供创业实践指导、大学生创业项目孵化、创业咨询、创业竞赛指导等），并通过优秀的创业指导教师或企业导师将这些产品和服务提供给学生。在这个过程中，民办高校会因此加强教师队伍的建设、提高各专业的教学水平、创造出属于自己的品牌特色，从而提高学校的整体教学质量，也提高了社会知名度和美誉度。

二、民办高校创新创业教育品牌的定位思路

在商业领域，品牌定位是为某个特定品牌确定一个适当的市场位置，使商品在消费者的心中占领一个特色位置，简单而言，就是企业或产品在消费者心目当中代表的形象。在教育领域，民办高校可以借鉴企业管理的STP理论进行创新创业教育的品牌定位。STP理论起初用于市场营销管理，包括市场细分、目标市场选择、市场定位三个步骤。

第一步，首先对受教育群体进行细分，可以分为三种层次类型：无创业意愿的学生、有一定创业意愿的学生，有强烈创业意愿的学生。除此之外，民办高校的学生还有着与公办高校学生不一样的特点，例如，相比公办本科学校的学生而言，大部分民办本科学校的学生数理化基础知识比较薄弱，但思维比较活跃；理论知识相对薄弱但是动手能力比较强；自控能力相对薄弱但是比较具有开拓精神；自信心不是很足但是比较具有冒险精神。民办高校学生的一些特征刚好与创业需要具备的特质相吻合，根据这些标准，又可以将学生继续细分为具备创业潜质的学生和缺乏创业潜质的学生。

第二步，对细分出来的受教育群体进行教育的目标选择。针对不同类型的受教育群体设置不同的创业教育内容和教育方式，构建多层次、多形式的创业教育生态体系。针对无创业意愿的学生，开展通识化教育，例如，创业课程、创业讲座、与本专业知识融合的创业教育等；针对有一定创业意愿的学生，除了通识化教育之外，还加上创业竞赛指导、创业咨询、创业实践等教育服务；针对有强烈创业意愿的学生，还要额外再加上创业训练、项目孵化、高尖端科技类型创业技能培训等教育服务。

第三步，根据不同的受教育群体进行定位，即教育理念的定位。创新创业教育目标有三个层次：第一层次是培养创新意识；第二层次是培养创业能力；第三层次是培养创业实践技能。针对无创业意愿的学生，教育定

位以培养创新意识为主；针对有一定创业意愿的学生，以培养创业技能为主；针对有好的项目并且有强烈创业意愿的学生，应着重提高创业实践技能并协助创业项目落地。

三、民办高校创新创业教育品牌的构建策略

相对于公办高校而言，民办高校有着自己的优势，机制灵活、市场发展适应度高、教师队伍"能者上庸者下"、创新性强，这些都有利于民办高校集中优势资源建立创新创业教育品牌。针对民办高校学生学业成绩不高但思维活跃的特点，通过贯穿各专业教育的创新创业教育去提升学生的自信心和积极性，提高学生的动手实践能力，改变民办高校学生在社会公众心目中的形象定位。

第一，树立创新创业教育品牌的教育理念。科学的教育理念是创新创业教育改革发展的前提，也是促进社会经济发展的基础。在信息技术快速发展的时代背景下，教育应赋予时代和科技元素。新的创业教育理念应融合新信息技术，以学生的需求为出发点，分类分层地实施开展创新创业教育。

第二，确定创新创业教育品牌的价值定位。教育品牌的价值定位是了解受教育者的需求，确定如何提供每一个细分受教育群体独特偏好的产品与服务的筹划。建议构建一个民办高校的创新创业教育品牌价值体系，形成学校在学生和社会公众心目当中的良好形象，需要注意三个方面：功能价值：提高创新意识、加强创新思维、增强创业能力和创业技能，按层次递进。体验价值：根据不同专业学生、不同创业意愿的学生、不同层次的学生提供个性化的教育方案。"以学生的需求为本"为核心向学生提供良好的创新创业教育体验。文化价值：为学生提供创业咨询和创业孵化条件以及场地，为学生带来归属感和认同感。

第三，形成民办高校创新创业教育的品牌特色。民办高校可以凭借自身机制的灵活性去做差异化的创新创业教育品牌特色。民办高校可以考虑以培养"创业型人才"作为创新创业教育品牌的特色，培养具有创业意识、创业精神、开拓精神，能将思想付诸行动的实践型人才。

第四，构建创新创业教育品牌的业绩形象与推广。民办高校需要有良好的社会知名度来招生以此获取学费维持学校的运营，因此，品牌形象与推广也是民办高校打响知名度吸引学生报考的有效途径之一。创新创业教育品牌的业绩形象。以具体的业绩数据来构建品牌业绩形象，例如，在校生创业率、毕业生毕业即创业的比率、毕业生毕业三年后创业的比率、参

加创业竞赛的获奖率、省级以上大学生创新创业计划项目数量、大学生创业项目孵化率、创业教育类教学获得省级以上教学成果奖数量等。

创新创业教育品牌的推广可以包括：一是自媒体推广，通过微信公众号、微博、抖音等受众广泛的自媒体平台进行软文推广和视频推广，介绍本校学生的优秀创业项目、创业竞赛的优秀作品、优秀创业学生的访谈，全方位向社会公众展示本校的创业教育成果；二是主流媒体的新闻报道，邀请记者来校采访，在主流报纸、期刊、门户网站等媒体上进行优秀学生的创业事迹、优秀公益创业项目的公关新闻报道，向社会公众展示良好的社会形象；三是在经济条件允许的情况下尝试投放电视广告、网络广告等，以广告的形式向社会进行宣传推广。

第五，明确创新创业教育的品牌承诺。教育品牌承诺是一个教育品牌给受教育者的所有保证，反映了学校的教育经营理念。根据前面所建议的品牌教育理念和价值定位，建议民办高校的创新创业教育品牌承诺是，培养创业型人才，以大学生创业带动社会就业，为地方经济发展服务。

第六，通过社会贡献提升品牌形象。以创新创业教育品牌建设为契机，通过创新创业教育成果为社会做出贡献，是提升整个民办高校的社会形象和社会公信力的途径之一。通过创新创业教育培养创业型人才，为企业输送具有创造力的员工，解决企业人力资源管理难题；通过创新创业教育鼓励有条件的大学生在校创业或者毕业即创业，为舒缓社会就业压力提供实际的贡献；通过创新创业教育孕育一批高新科技项目，并帮助这些项目转化为实际的生产力，为促进社会经济发展贡献力量；通过创新创业教育，支持学生进行创业实训或实践活动，为服务本地社区民众和服务当地经济发展出谋划策；鼓励学生构建并实施公益性创业项目，为本地和周边地区的扶贫、环保、医疗、教育等工作提供协助。

总而言之，建立优势品牌、树立良好社会形象是民办高校抢占生源市场的制胜策略之一，民办高校应抓住机遇，顺势而为，借创新创业教育改革的东风构建特色教育品牌，一方面既可以提高自身的核心竞争力吸引生源；另一方面为促进社会充分就业，服务地方经济发展做出一份贡献。

参 考 文 献

[1] 陈宏敏，赵慧琴，郭银华. 民办本科高校创新人才培养模式的构建与实践[J]. 实验室研究与探索，2020，39（12）：246-251.

[2] 陈莉，郭卫平. 关于民办高校学科专业建设的思考[J]. 前沿，2013（5）：138-139.

[3] 陈世文. 民办高校教务管理专业化的路径探索[J]. 职业技术教育，2014，35（14）：56-59.

[4] 陈书燕. 资源共享下民办高校人才培养路径研究[J]. 合作经济与科技，2020（6）：168.

[5] 陈伟. 民办高校辅导员队伍职业化与专业化建设刍议[J]. 学校党建与思想教育（普教版），2013（10）：49-50.

[6] 段淑芬，杨红娟，王一涛. 民办高校分类管理政策执行制约因素及其破解路径——基于政策执行综合模型的分析[J]. 高教探索，2022（2）：97-106.

[7] 高搏. 民办高校管理类专业实践教学平台构建研究[J]. 福建茶叶，2019，41（11）：98-99.

[8] 黄健. 浅谈民办高校的内涵建设[J]. 中国成人教育，2012（20）：37-38.

[9] 黄声巍. 民办高校创新创业教育品牌的定位与构建[J]. 农村经济与科技，2021，32（8）：311.

[10] 黄小灵. 新民促法下民办高校发展的着力点[J]. 教育发展研究，2018，38（7）：3.

[11] 金妤. 民办应用型本科高校实践教学管理体系构建与创新[J]. 中国成人教育，2021（3）：15-20.

[12] 雷晓斌. 民办高校专业建设实践探索[J]. 学园，2013（25）：67.

[13] 李国杰. 中日民办高校工程类专业建设的比较研究[J]. 住宅与房地产，2018（5）：226.

[14] 李晓科. 民办高校发展现状与对策研究[M]. 长春：吉林人民出版社，2018.

[15] 刘金松. 民办高校"以学养学"发展模式研究[D]. 济南：山东师范大学，2015：41-59.

[16] 刘美云. 民办高校青年教师发展问题研究[M]. 武汉：武汉大学出版社，2019.

[17] 刘信鹏，刘艳婷. 供给侧结构性改革视域下民办高校人才培养模式探究[J]. 继续教育研究，2018（2）：106-110.

[18] 吕宜之. 分类管理视域下非营利性民办高校多元筹资的境遇与对策[J]. 教育与经济，2020，36（5）：71-77.

[19] 马露奇，黎利云. 民办高校校园文化建设路径浅析[J]. 当代教育论坛，2010（35）：117-119.

[20] 牛艳莉. 基于公共关系视角下的民办高校品牌传播策略研究[J]. 中国成人教育，2014（20）：31-33.

[21] 宋星. 民办高校管理会计型专业人才培养探究[J]. 中国商论，2017（36）：176-177.

[22] 孙淳，陈小康，代青霞. 民办高校转型发展下的科技创新服务研究[J]. 浙江树人大学学报（人文社会科学），2018，18（2）：10-13.

[23] 孙鹏. 关于民办高校人才培养适应市场需求的研究[J]. 中国劳动关系学院学报，2016，30（1）：116-119.

[24] 王桂云，王明明. 差异化战略视域下民办高校专业建设策略研究[J]. 中国成人教育，2016（24）：84-87.

[25] 王延萍. 新媒体环境下民办高校品牌影响力的建设[J]. 现代营销（经营版），2022，（2）：138.

[26] 熊斌. 民办高校的改革与发展模式研究[M]. 长春：吉林文史出版社，2019.

[27] 徐巧. 民办高校品牌形象管理研究[J]. 科教导刊（上旬刊），2019，（34）：23-25.

[28] 徐兴林，赵梅莲. 学分制下应用型民办高校人才培养方案的创新优化[J]. 教育与职业，2018（1）：49-53.

[29] 杨泊微. 美国私立大学专业课程设置对我国民办高校的启示[J]. 太原城市职业技术学院学报，2018（7）：100.

[30] 杨程. 分类管理背景下民办高校教师队伍建设的困境、归因与对策——基于利益相关者的访谈分析[J]. 黑龙江高教研究，2021，39（8）：87-91.

[31] 杨雪梅. 构建我国民办高校品牌自我评价体系的思考与前瞻[J]. 中国高教研究，2012（9）：76-81.

[32] 姚斌. 西安 PH 民办高校品牌形象管理研究[D]. 西南：长安大学，2020：34.

[33] 姚兴华，胡志华，沈阳. 民办高校师资合理流动机制的构建[J]. 职教论坛，2017（2）：8.

[34] 张程. 从发挥学生主动性和参与性角度看民办高校艺术设计学科品牌发展[J]. 佳木斯教育学院学报，2013（7）：185.

[35] 张颖. 民办高校信息管理与信息系统专业校企合作人才培养模式探索与实践[J]. 福建茶叶，2020，42（1）：57.